この名作がわからない

小谷野敦
koyano atsushi

小池昌代
koike masayo

二見書房

目次

巻頭解説

小谷野敦

世間で名作名品だとされている文学作品や美術作品は、普遍的に名作なのだ、と思っている人がいる。文学のほうでは、古典的な名作とされるもののことを「キャノン」という。

だが、いくら世間で名作だと言われていたって、つまらない時はつまらない、と言っていいのである。たとえ国宝に認定されていても、私は認めないよ、と言っていいのである。

もっとも、それなりに自信をもって「三島由紀夫は認めない」と言うためには、それ相応の教養が必要で、その教養というのは、多くの文学作品や評論を読んで確立するものである。

だが若いころは、世間で名作だと言われている作品を読んで、「わからない」と、慌てるものである。私の場合、その第一撃は、高校一年生の時に読んだドストエフスキーの『白痴』であった。何だかわからないものを読んでしまい、自分の鑑賞眼に問題があるんじゃないかと悲観した。

だが、深遠な人間存在の世界が、高校生くらいでわかるはずはない、とも言える。中には、少年のころ読んでわからなかったが、大人になって読んだらわかった、という人もいる。それで大人になってまたドストエフスキーに挑戦したが、いくつかの例外を除いて、ピンと来なかった。

私はだいたい、若いころ読んでダメだと、そのあと読んでガラリと印象が変わるということがない。もちろん、全部読み直したわけではないが、読み直してもあまり印象は変わらない。そういう体質なのだろう。

川端康成の『雪国』なども、高校二年の冬に読んで、なんでこれが昭和を代表する名作のように言われているのかわからず、途方に暮れた。だが川端の他の作品にはいいものが多く、三年生の時は川端作品を耽読した。だが『雪国』だけはいけない。のちこれはいろいろ研究して、この場面で実はセックスしているとかそういうことはわかったし、小説作品としては破綻しているとも言われている。

他にもいろいろと、世間では名作だとされているけれど私にはピンとこない、というものが割とたくさんあって、若いころは悩んだりもした。もちろん、評論などを読んで勉強はしたが、文学評論というのは、読んだけれどピンとこない人向けには書かれていないのである。中村健之介『ドストエフスキーのおもしろさ』(岩波ジュニア新書)など、ジュニア新書だから噛んで含めるように説明してくれるかと思って開いたら、いきなり、なぜ過去のロシアの小説がこんな感動を与えるのでしょう、といった調子で、感動すること前提なのである。

三島由紀夫や志賀直哉といった私の苦手な作家を批判する人もいて、それらはもちろん参考になった。ドストエフスキーについては、アンリ・トロワイヤの『ドストエフスキー伝』を読んでやっと腑に落ちた。

さて、そうして、私なりの、これはいい、これはダメという信念が固まってきて、私はそれらを論評する本をいくつか出した。『「こころ」は本当に名作か』とか『芥川賞の偏差値』などである。世間でいかに「名作」と言われていても、私がいいと思わなければ切って捨てた。すると、ウェブ上でわあわあ言う人らが出てきた。どうやら彼らは、名作だ文豪だと言われていたら名作であり文豪であって疑念を抱いてはいけないと思っているらしい。

中に「独断と偏見」などと書いたものもあった。しかし、「独断」というのは、本来協議して決めるべきことを一人で決めた時に言うことであって、私がどう思うかを書く際に独断になるのは当然である。とはいえ、私自身、志賀直哉の『暗夜行路』なんて、儒教道徳の女性蔑視に凝り固まった連中が褒めているだけだろう、と思っていて、そのへん、どうなのか他人に訊いてみたい気持ちはあった。

周囲の人に聞いたら良さそうなものだが、だいたい私の周囲にいる人は、私と同意見か、ないしは当該作品を読んでいない。あとは、当該作家への崇拝信仰に凝り固まっている人というのもいるし（村上春樹信者のように）、単に喧嘩になるだけだったりする。「これはまあ、こういう風にいいんですが、小谷野さんはそう思わないですか、ふーん」などと冷静に話してくれる人はなかなかいないのである。

相手は女性のほうが面白く話ができそうだし、あまり専門家ではないほうがいい。専門家というのは公式的な解説に終始しがちだからだ。というわけで、たまたま知遇を得た小池昌代さんにお願いして、五回に分けて対談していただいたのが本書である。

アメリカ文学やロシア文学なら専門家に訊けばいい、という人もいるだろうが、そういう人はだいたい自分で解説などを書いているし、おおむね教科書的な「正解」を述べるだけである。小池さんのように、文学者だけれど素人、という人がどんな回答をするか、というのが私の関心だったのである。うまく行ったかどうかは巻を開いてのお楽しみである。

むろん今後も機会があったら、「これのどこがいいのか」的な質問は適宜投げかけていきたいと思っている。

序章

小谷野　文学作品の価値は学問的に決定できるわけではない。当然、個々人でこれはいいとか悪いとか出てくるものです。

小池　そうですね。

小谷野　若い時は名作だと言われて読んでピンと来なくても、「いやいや、きっとここがすごいんだ」と思うんですね。私もそうだったんだけれども、高校時代に、『雪国』を読んだ時は、本当に困惑しました。これがなんで名作なんだろうと。

小池　（笑）。なるほどね。

小谷野　そこは高校生だからわからないんだと思いますよね。だけど私は存外、大人になってからもう一遍読んで「なんだ、これは子供だからわからなかったんだ」と思ったことがあんまりないんです。ありますか？

小池　私は子供の時にそれほど名作を読んでいませんから、大人になってからの比較ができませんが、わからない原因は、案外作品自体に問題がある場合があるということですか？

小谷野　つまり高校生くらいになると、もうほぼ大人だというのがある。人によっては、そりゃ高校生の時はわからなかったけど大人になったらわかったという人もいると思いますが。もうひとつは結婚してからわかったというのもある。

小池　それは大きいんじゃないですか？

小谷野　大きいですね。特にトルストイの作品は結婚してからだとけっこう、じわっと来ますよね。トルストイは結婚して最初の半年が大変だと書いている。

小池　へえ。確かにそうかもしれない。

小谷野　それがだんだん三十歳、四十歳になってくると「これは名作だ」という世間の目というものが外れていって、正直に「いや俺はやっぱり、『カラマーゾフの兄弟』とかわからないんだ」と言えるようになる。ところが最近私は『「こころ」は本当に名作か』とか『このミステリーがひどい！』とか、いろいろな作品に対する評価をした本を出したら、まあ、非常に激しいバッシングを受けたんです。一番酷かったのはミステリーですね。ミステリーファンが怒り狂った。

小池　やっぱり自分の好きな作品がけなされて怒るわけですね。

小谷野　そうですね。私はあんまり推理小説が好きじゃないので。

小池　私はほとんど読まないです、推理小説。本当に読まない。

小谷野　読まないならまだいいんですが、私の場合は読んでいて、バカミスだと思ったりするんです。たとえば『64』という推理小説があって「昭和六十四年」という意味なんだけど、著者は直木賞を降りちゃった『半落ち』の横山秀夫です。自分の子供が誘拐されて殺されてその時に電話で父親は犯人の声を聞いた。それでその犯人を見つけ出して復讐しようとする話なんですけど、その町の電話帳の「あ」から順番に電話をかけていって声を聞くんです（笑）。

小池　ふうん。

小谷野　それで犯人を見つけたのがかなり最後の「め」のほうだったんです。

小池　なるほど。

小谷野　だから五年間、その町で無言電話をかけ続けたっていうすごいバカミスなんです（笑）。

小池　読んでいないので、なんとも言えませんけど、推理小説って、事件解決という目的があるから、そうとう安易で、無理な設定がありそうです。

小谷野　もっとすごかったのは、麻耶雄嵩の『翼ある闇――メルカトル鮎最後の事件』で、死体があるんだけど、死体の体と首が別の人物だという話でした。この謎は、実は二人の人間の首をいっぺんに切ったら、片方の首が勢いでもうひとつの上に乗っかって神経がくっついちゃって……。

小池　ほおっ（笑）。

小谷野　そのままそこの部屋へ飛び込んで鍵を閉めたところで絶命したという話だった。「密室で首が違う殺人」。

小池　今のミステリー界の人々はすごい展開の作品を書いているんですね。

小谷野　特に「新本格」と言われる人がとんでもないんです。有栖川有栖とか綾辻行人とか。

小池　お名前は知っています。

小谷野　たとえば島にある館で事件が起きて、おかしいぞということになった時に、実は島のもう片方にまったく同じ形の館があった。登場人物は寝ている間にそっちの館に移されていたという（笑）。新本格はそういうのばっかりなんですよ。それで、こういうのが好きな人は好きなんですよね。

小池　好きな人もいるのね。

小谷野　小栗虫太郎の『黒死館殺人事件』は、すごく西洋趣味でうんちくが語られる作品なんですが、私は昔、これをバカにしたことがあった。私は北村薫さんとメールを交換することがあるんですが、北村さんが「『黒死館殺人事件』は傑作です」と言ったから返事しなかった。

小池　ファンが付いている作品に対しても、小谷野さんはかなり厳しく書いてらっしゃる。

小谷野　そうですね。いや、怒られることはあまり自覚しては書いてないですよ。

小池　『金閣寺』も『仮面の告白』ももう全然ダメなんでしょう?

小谷野　ダメというか、わからないです。面白くない、読んでいて何も感じなかったというのはしょうがないですよね。だけど、面白かったっていうのは説明してほしいと思ったんです。以前、石原千秋さんが、岩城けいの『さようなら、オレンジ』がいいと言ってたんです。

小池　私もいいと思う。私は好きですよ。岩城けいさん。

小谷野　私はちょっと優等生的だと思う。

小池　なるほど。そういう側面はあるかもしれない。

小谷野　そういうふうに石原千秋にも言ったら、石原さんは「好きであることに理由はない」と言い出した。

小池　ああ、なるほどね。

小谷野　それではなんだか七〇年代の歌謡曲みたいじゃないですか。「好きであることに理由はない」は嘘です。絶対。たとえば女の人を好きになった時には何か理由があるはず。

小池　そうね。その意見はすごく論理的です。すっきりする。だけど、そうかしら?

小谷野　やっぱり好きである理由は説明してほしい。「お前はなんでこれが面白くないんだ」と言うなら、じゃ、「なんでこれが面白いのか、説明してくれ」と。面白いってことを説明するには人生をかけなきゃいけない。

小池　そうね！

小谷野　だから私がたとえば「なんでお前は『細雪』が好きなんだ」と言われたら、私は貧しい家の生まれで、お嬢さんに憧れていて、ってところから、人生をかけて説明します。

小池　（笑）。自分のことからね。

小谷野　だけど世間にはそういう度胸のある人があんまりいない。

小池　でも嫌いな理由も人生をかけて言うべき何かがあるんじゃないですか？

小谷野　いや、嫌いというか面白くない、ということです。嫌いなのには理由がありますが、面白くないは理由がないんですよ。

小池　そうですか？　そうかしらね。

小谷野　それを言うには、人に言ってもらわなきゃならない。つまり、「私はこういうところが面白い」「あ、それは私は関係ないね」というように。誰かがいいと言うから、自分にはわからないとか、自分にはダメだとか言うわけでしょう。誰もいいとは言わないようなものならその必要もない。だから「いい」と言うほうが先なんですよ。

小池　なるほどね。

小谷野　だからナボコフの『ロリータ』なんてのはまさに面白くない理由が非常によくわかった

んです。若島正（＊1）が『ロリータ、ロリータ、ロリータ』って本を書いて、全解説をしてくれたんですけど、ひとつひとつが私に感じない理由であるということがわかった。というのは、若島正はチェスをやる。ナボコフもチェスをやる。でも私はチェスも囲碁も将棋もやらない。そうするとわからないです。

小池　そうですよね。私もやらない。

小谷野　私は実は父親が将棋好きだったんです。子供の時に教えようとして、私も勉強しようとしたこともあるんですが、「こう動いたらこうする、もしこうじゃなかったらこうする……」というのが覚えられないんですよ。頭の構造のせいか。

小池　何かがあるんでしょうね。

小谷野　この前、まだ勝てる手があるのに、「負けました」と頭を下げちゃったために負けになった棋士がいました。

小池　かねてから不思議に思ってたの。あれはすごく先を読まなきゃ負けを認めることできないでしょ？　だから、どうやって負けが決まるのかって。

小谷野　コンピュータみたいな頭をしているわけですよ。だから、今は囲碁も将棋ももうコンピュータに勝てなくなったでしょ。それは当然で、コンピュータに全部データが入っているわけですからね。

小池　そうなのよね。でも私は将棋は面白そうだと思う。対戦を見ていると、わからなくても面白い。

小谷野　私はだから将棋、囲碁系の小説はたぶんダメです。
小池　きっと何かあるんでしょう。小谷野さんの脳の構造と批判したくなる部分と。
小谷野　脳の構造にあるのと、実はうちの母は、彼女の父が将棋好きで、夫も将棋が好きだったから、将棋に夢中になっている男が嫌いで、私と弟を将棋好きにならないように育てた、って後に告白したんです。
小池　（笑）。本当に？　お母様が？　どうやって育てたの？　でもお父様は教えようとしたでしょう？
小谷野　たぶん母はまったく将棋のことを言わない、つまり勧めない、みたいな感じだったと思います。
小池　面白いですね。そっちの方に興味があるわ。どういうふうに無意識に遠ざけたのか。
小谷野　母は「将棋をお父さんがやっているから、やってごらんなさい」と絶対に言わなかった。
小池　それで、「なんであんなのやってるのかね」とか「あんな時間を潰して、浪費だね」みたいなことをちょこっと呟くとか、無意識に染み込むようなことをおっしゃってたのかもね。
小谷野　かもしれないですね。だから私も弟も将棋、囲碁には興味ない。ただ、『ヒカルの碁』という漫画を読んだ時に、ちょっと碁の勉強をネットでしたんです。でも全然先へは行かない。
小池　お母様との関係もそこに関係してくるんでしょうね。それは私小説になりますね。
小谷野　それはたぶん、『母子寮前』か『ヌエのいた家』に書いてあると思う。話を戻しますと『芥川賞の偏差値』という本を出した時に、芥川賞受賞全作品に偏差値をつけて、全体にかなり低かったんですが、「こういうのはちゃんと複数の人間で話し合ってつけるべきだ」という人がいたんです。だから一遍聞いてみたいんです。面白いという人がいるけど、とっくり面白い理由を聞こうじゃないかと。他にも、今ちょっと下火になっているけど、村上春樹がすごく流行っていた時に、近くに村上春樹が好きだという人がいなかったんです。私の周囲に読んでる人がいない。時々来る編集者が「村上春樹好き」って言うんですけど、そんなに詳しく話ができない。小池さんは読みました？

小池　短編が中心ですけど、一時期までは面白いと思った。うまいと思いますけどね。最近、書評するために『色彩を持たない多崎つくると、彼の巡礼の年』を読んだんですけど、うまく作ってあるなと思った。でも、熱狂するほどではなかった。

小谷野　あれはどっちかというと推理小説っぽい。実際に多崎つくるが殺人犯だっていう説もあるし。あれはちょっと衰弱してますね。『ノルウェイの森』はやっぱりうまいと思いますよ。

小池　うまいと思いますけど、好き嫌いはあるでしょうね。女の人の書き方とかは、私はあんまり好きじゃない。書かれる女性の範囲がすごく狭い感じがします。彼には女性、特に成熟した大人の女性に対する恐れとか嫌悪、コンプレックスがあるのでしょうか。

小谷野　それは私が『病む女はなぜ村上春樹を読むか』に書いたんです。

小池　あ、そうですか。

小谷野　精神を病んでいる女が村上春樹をすごく好きになる。私が一番あの本で攻撃したのは、『世界の終わりとハードボイルド・ワンダーランド』の最初のほうに出てくる太った女で、フェラチオをしたがるんです。なんでこんな都合のいい女が出てくる小説があんたは好きなんだ？　と女の人に聞いてみたこともあるのですが、「そんな場面ありましたっけ？」と忘れていた（笑）。

小池　（笑）。わかるような気がする。自分に混乱を引き起こす箇所は、無意識に記憶から消しちゃうんですよ。

小谷野　あそこは、外国語訳される時に、削除した人もいますよ。

小池　本当⁉

小谷野　というわけで聞く人がまわりにいない。それならばたとえば古典、トルストイとかであれば入門書があるだろうと。ここでじゃあロシア文学者に聞いたらいいじゃないかとなるとダメなんですよ。ロシア文学者というのは教科書的なことしか言わないのと、以前、中村健之介（＊2）という東大の教授だった人の『ドストエフスキーのおもしろさ』という岩波ジュニア新書を読みはじめたら、「なぜ昔のロシアの小説がこんな感動を与えるのだろうか」と始まるんです。あ、ダメだ、と。感動しないから困って読んでいるのに。

小池　前提が違う。

小谷野　だいたい入門書を書く人は当然、その作家が好きで書いてるわけだから、そうなっちゃうんです。

小池　確かにそうだ。

小谷野　そういう背景のない人で、ちゃんと私の問いに答えてくれる人というので小池さんに白羽の矢が立った。

小池　(笑)。私、勝手な読み方してますが(笑)。

小谷野　男同士だとちょっと面白くないので、女の人だとこういうのはどうなのかなと。

小池　そうですね。それはいいかもね。

＊1　若島正(一九五二―　)英文学者、京大名誉教授。チェス、将棋もやる。

＊2　中村健之介(一九三九―　)ロシア文学者、北大名誉教授。

第一章

『金閣寺』『仮面の告白』三島由紀夫
「楢山節考」深沢七郎

小谷野　今、「文豪とアルケミスト」というゲームをやっているんです。それは文豪が出てきて、本を侵食するものと戦うというだけのゲームなんですが、出てくる文豪の姿が実物とまったく違うんです。

小池　制作者が創作した人格になっている？

小谷野　そうです。ところが、女がいないんです。コミックの『文豪ストレイドッグス』には与謝野晶子が出てくるのですが、「文アル」には登場する文豪に女がいない。それはなぜかというと、女の人向けゲームだからです。

小池　どういうことですか？

小谷野　いわゆる腐女子向けゲームなんです。男性同性愛が好きな女性というのは、ミソジニーなんです。女性恐怖、女性嫌悪なんです。女性の女性嫌悪なんです。だから、「文アル」には女の人が出てこない。女性が出てくると、プレイする人が減っちゃうらしいんです。石井千湖さんという書評家が初の単著の『文豪たちの友情』を出した時に、発売が告知された時点でアマゾンの順位がすごく上がって発売日に重版が決まった。つまりすごく売れたわけです。それはなぜかというと、男同士の友情だけを描いているから。

小池　なるほど。その本も腐女子に受けている。

小谷野　三島由紀夫が好きな女の人というのも、だいたい腐女子なんです。

小池　そうなんですか。私は好きですけどね。自分が腐女子という認識はなかったですが、深いところには女性嫌悪があるのかもしれない。

小谷野　たとえば『アンナ・カレーニナ』がどうもわからないというのとは、三島の場合はちょっと違っていて、三島作品には既に批判者がけっこういるわけです。そして私は批判者の言うことはみんな正しいと思うわけです。たとえば人工的だとか、観念的だとか。

小池　そうね。

小谷野　特に岸田秀が書いたものが一番ぴったり来る。三島にとってはすべてが実感のないものであって、世界を加工しなければならない。

小池　本当にそうだと思うわ。そういう人に対する同情とか、そういうのもあって読む人もいるんじゃないかな、女には。三島がかわいそう、っていう。

小谷野　それは新説ですね（笑）。

小池　新説？　いやいや、あると思うな。私、三島を読んでいると哀れみが出てきますよ。やっぱりこの人は純粋な人だと思う。変えられないもん。この性癖といい、生まれついた時に植えつけられたものもあるわけじゃないですか。それは自分で選べなかったものでしょ？　その育ち方といい。それについては私、一定の同情の念っていうのがいつもある。

小谷野　それは若い頃からそう思ってましたか？

小池　だんだんと三島の作品を読むうちに、造られていった感情ですね。三島の作品は、それこそものすごくうまく構築されているわけじゃないですか。だから、若い頃はよくできているものに対する賞賛とか驚嘆とか、そういう感情しかなかったと思う。私は若い頃から一貫して一番好きな三島の作品があって、「仲間」（＊1）という短編なのですがご存知ですか？

小谷野　知らないです。

小池　これ、読んでくださいよ。『殉教』という短編集に入っています。

小谷野　これは『獅子・孔雀』を改題したものですね。

小池　改題してるんだね。さすが、小谷野さんってきっちり読む。ほんと、表紙に出ていますね。私はすっ飛ばして読んでました。

小谷野　（笑）。

小池　その短編集の最後に入っている「仲間」という一遍です。加藤典洋さんもお好きだったようで、アンケートに挙げられているのを見たことがあります。自分だけじゃないんだと思った記憶があります。私は三島作品をすべて読んでるわけじゃありませんが、一番好きって言っていいくらい、この「仲間」が途方も無く好きなのね。三島の魔法がかかったような短編なんですよ。この人、いつも自分の意識できっちり書いていく人なのに、これには薄ぼんやりとした無意識のベールがかかっている。夢見るような小説なんです。三島はこんな夢を見たこともあったんだな、と思ってね。よかったね、っていう感じの小説なのよ。これも女が出てこない小説ですけどね。お父さんと息子の変な親子の話で。小谷野さん、これを読んだらすごく共感すると思う。子供が煙草を吸うんだもの。

小谷野　いやいや、だって私は子供の時は煙草を吸ってないですから（笑）。

小池　一篇がすごく煙草くさい作品なのよ。

小谷野　今、読むとちょっとまずいんじゃないんですか？（笑）吸いたくなる。

小池　吸いたくなると思う。ボロボロの壁掛の端布を引きちぎって、火をつけて煙草にして吸っちゃう話なんです。
小谷野　童話みたいですね。
小池　三島が書いた童話ですね。だからほっとするのね。こういう童話を書いて死んだ人だったんだなと思って。だからそれに比べたら『仮面の告白』や『金閣寺』は、本当に一生懸命書いた労作と感じます。三島は努力の人じゃないですか？　天才だとかなんだとかいっても、ある種の哀れさがありますよ。母親の立場に立つと、かわいそうな人ですよ。
小谷野　そういうことは考えたことはなかったですね。

『金閣寺』の切り株

小谷野　『金閣寺』は大学生の時に旧友と話してて、『金閣寺』を読んだら三島を読むのやめるよなって言ってました。
小池　本当!?　そこまで!?
小谷野　ええ。
小池　私は『金閣寺』の一番の欠点はラストのほうだと思いました。すごく混乱してくるのね。美しさを理由に、結局それを壊したい、焼かずにはいられない、焼くぞ！　っていう感じになっていくわけでしょ？　一種の病んだ男というか、妄想狂というか、それが三島そのものになっている。彼の生涯の縮図、予想図みたいな作品じゃないですか。三島の生涯と『仮面の告白』も『金閣寺』も重なるようなところがある。最後のほうに行くとものすごく混乱してきて読むのをやめたくなりますね。ここまで行くとついていけないというか。それまでは一生懸命、面白くて読んでるんだけど、終わりの一章分は、観念度一〇〇％、一二〇％になっちゃって、ちょっとついていけなくなった。それも含めて気の毒な作品という部分もあるんです。だけど私が三島を好きなのは、やはり絢爛たる比喩というか、言葉の芸があるところですね。

小谷野　だから私はそれが嫌いなんです。

小池　嫌いなのね。小谷野さんの作品を読むとそれはわかりますよ。小谷野さんのよさと三島のよさというのは、まったく裏表だもんね。

小谷野　私は、比喩を使わないですから。

小池　そこがいいのよ、小谷野さんは。そこは素晴らしい。本当によくぞここまでざっくりと書けるもんだと思いますよ。大づかみするでしょ？　そして、小谷野さんの一番いい作品の一番いい部分には、ざくっとつかんだところに確実に一粒のダイヤモンドがある。一粒だけなんだけど。あとはざっくりして、コールタールとか雑味のあるものをつかんでいるんです。それがいい。一方、三島は一〇〇％ダイヤモンドをつかむような書き方をしている。だからこそ苦しくなるところがあるんですけれども。長編や中編たとえば『金閣寺』だと、短編よりはあれでも純度が薄まっているのでは。その中にもピカッと光るものをつかんでくれている。いくつ挙げてもいいですけど、それだけでも酔うような表現がありますよ。それだけでも、いいじゃないですか。

小谷野　小池さんは詩人だからそう言うと思ったんです。

小池　言葉が好きな人は、そういう読み方を三島に求めて満足すると思う。

小谷野　それは私もわかっているんです。昔、俵万智さんが、言葉に興味があって短歌を始めたと書いていたんですが、私は言葉には興味がない、言葉が表わす概念には興味がある。

小池　よくわかります。

小谷野　さすがですね（笑）。だから、私は三島の言葉の使い方が本当に嫌なんです。

小池　たとえば『金閣寺』に有為子って女が出てくるでしょ？　有為子に「吃りのくせに」と言われて、「私」は一瞬にして存在を切られちゃう。「私は自分の顔を、世界から拒まれた顔だと思っている。しかるに有為子の顔は世界を拒んでいた」。その世界を拒んでいた有為子の顔を切り株になぞらえて書いている部分があるんです。これはいいなあと思ったの。ここにまさに、表現の切り株が表れている。有為子の顔と三島の金閣がスパッと切れていて、金閣の切り株が見えている。詩や俳句をやる人間にとって「切り株」と言われただけで、一瞬にして響いてくるイメージがあるような気がします。富澤赤黄男《とみざわかきお》の句、「切株はじいんじいんと　ひびくなり」なんて忘れられない。切り株から幻の音が出てきて、その響きが波紋となり、世界にひろがっていくような。詩をやる人間は、たとえば「切り株」のような単語をひとつの象徴として捉えていて、そのうえで読みますからね。三島の作品は言葉が響くんです。世界にたくさんの多義的な響きを広げてくれる。だから、こういうのがちょこっと出てくるだけで、「ああ、いいね」

と思っちゃうんです。

小谷野　わかりません（笑）。

小池　（笑）。有為子の顔が、その切り株だと言っているわけです。それで「新鮮で、みずみずしい色を帯びていても、成長はそこで途絶え、浴びるべき筈のなかった風と日光を浴び、本来自分のものではない世界に突如として曝されたその断面に、美しい木目が描いたふしぎな顔。ただ拒むために、こちらの世界へさし出されている顔」。もう、そこでガッと止めているっていうわけ。そこで切られてるんだから、成長が止まっちゃいますよね。これ切ないじゃないですか。

小谷野　木だから生えてくるじゃないですか。

小池　それは切られたあとの話でしょ？　切られた瞬間の話をしてるんです、ここでは。三島の生首は後々、写真として出ちゃったでしょ？　奥様がその後、差し止めの裁判を起こされたように記憶していますが、あの生首の切り口のことをどうしたって想像しますよ。

小谷野　ああ。

小池　だから『金閣寺』は発表当時よりも、三島が死んだあとゆっくり読み直した時に、さらにイメージが膨らんでくる作品じゃないかなって、この切り株シーンを読んで思った。

小谷野　文藝評論を読んでいるみたいです（笑）。

小池　小谷野さんが嫌だというのもわかるんですけどね。もう一回読み直してみたらどうですか？

小谷野　御免被りますよ（笑）。

三島の比喩

小谷野　私はここへ来る途中に『仮面の告白』を読み直していて、やっぱり嫌でした。
小池　最初から嫌なの？
小谷野　パッと開くと三島文章でしょう。『仮面の告白』を開いたら、ダンテとか、亡命貴族とか、手褄使いとか、こういう言葉が嫌なんです。
小池　本当にね、それを嫌いな小谷野さんが私は好きですよ。
小谷野　（笑）。
小池　私もそういうところは嫌いなの。だけどこれは三島のごく初期の作品ですよね。三島より年上の成熟した人間が読む時に、「こんなの書いちゃってがんばってるね、一生懸命書いてるね」という読み方もあるんじゃないですか？　私は小谷野さんのように、立ち止まって嫌だなとは思わず、勢いで読んで、いいなと思います。
小谷野　私は『仮面の告白』を読んだのはたぶん十八歳くらいなんです。でもダメでしたね。
小池　そうなんだね。普通、若い時に三島を読んだらかぶれる、っていうか、そういうところに反応すると思うんですよ、むしろ。かっこいい、とね。
小谷野　だいたい三島が好きな人はそうですよね。

小池　そうですよ。

小谷野　丸谷才一が『文章読本』で半分くらい比喩について書いていたんですが、私はなんとも思わなかったですね。小野正嗣《まさつぐ》という、私がとるべき芥川賞をとっちゃった作家が（笑）三島賞をとった『にぎやかな湾に背負われた船』は、比喩だくさんな小説で批判したことがあるんです。だからもう、比喩が出てくるとダメですね。

小池　わかります。

小谷野　東山彰良《ひがしやまあきら》という直木賞作家の作品で、蔣介石が死んだあとに、「台湾の足首にくくりつけられていた重石が取れ、アディダスのランニングシューズに履きかえたような空気がそこはかとなく漂いだした」というのがあって、もうそれだけで嫌になっちゃった。

小池　だけどね、比喩というのにも、凡庸な比喩から、最高峰の比喩まであるわけじゃない？三島はやっぱり最高峰ですよ。それは一箇所だっていいんだけど、二、三箇所あるのよね。

小谷野　三島は比喩は多いですよ。

小池　ほとんど嫌な感じはない。時々、よくこんなこと書くなっていうのはたまにある、という印象はあったけど。

小谷野　三島は川端に師事してたけれども、川端には嫌な比喩はないですね。

小池　ああ、ないですね。

小谷野　川端は言葉の魔術師なんだけれども、直喩が多いですよね。『山の音』で、それこそ木を切るところがあって、あれを私の師匠の鶴田欣也（*2）先生が、この「切る」ということが、家族の間のことを示しているんだ、という論文を書いたんです。あの人はあれだけが業績なんじゃないかと思うくらいなんですけど。

小池　（笑）。

小谷野　信吾が庭で植木を切ることが、全体の比喩になっているんです。だから『山の音』は素晴らしいです。『山の音』と『金閣寺』を比べると、川端がいかによくて、三島がいかにダメかというのがよくわかる。

小池　なるほどね。張りぼてみたいなところがあるんだとは思います。三島の比喩はピカピカしているからね。誰にでもピカピカが見えてわかりやすい。

小谷野　そうですね。それこそ少女マンガの『エースをねらえ！』とかそういう感じですよね。

小池　少女マンガの目に星がピカピカしてるのと同じようにね。それもすごくわかるんだけど、小谷野さんが三島を嫌いな理由は、重心のあり方というのも関係してるんじゃない？　小谷野さんって、声が意外にも静まっている。重心の重い喋り方と声を持ってらっしゃる。三島の声を私は知らないけど、ちょっと高い感じがする。

小谷野　甲高いんですよ。全共闘と討論をやった時の録音が残っていますよ。三島の喋りは全部演技なんです。普通の人間である演技をしてるんです。「だからね、僕は君達の……、ハッハッハッハッ！」とバカ笑いをやるんです。だから初めて聞いた時は、これが割腹した三島か⁉　と驚くんだけれど、あの演技を、彼はかなり若い時に身につけたんですね。でも実は私も言葉は変なんですよ。私も喋り方が演劇っぽいんです。

小池　確かに。

小谷野　私は茨城県に生まれて七歳から埼玉県で育ちました。茨城の方言は確かにあるんだけれど、うちの母は若い頃から標準語を使って、「清子ちゃんは気取ってる」と言われてた。

小池　（笑）。

小谷野　茨城でも水海道《みつかいどう》（現常総市）という南のほうなのでわりあい標準語に近かったですし、しかも一九七〇年くらいですから。埼玉に引っ越しても、せいぜい「けっぽる」という言葉が方言としてあったくらいでした。それが高校から東京に行ったら東京の雑駁な男子校の喋り方に囲まれて、どう喋ったらいいかわからなくなった。その時に落語を聞いて、喋り方を学んだんです。だから私の喋り方は落語なんです。

小池　へえ面白い！

小谷野　中学の時、落語をやってたんですけど、ちゃんと聞くようになったのは高校生で、私に非常に影響しているのは立川談志です。

小池　言われてみたら、わかるような気がする。

小谷野　だから私はちょっと人工的な喋り方をするとか、普通の人のふりをするというところはわかるんです。

小池　明晰で論理的な喋り方をなさるとは思っていました。

小谷野　もうひとつ、三島は男色家だけれども、女とも付き合っているでしょ？

小池　そうそう。

小谷野　そこが、なんかかなり変なんです。この『仮面の告白』は。
小池　変ですよ。すごく変。なんていうのかしら、複雑ですよね。
小谷野　まずあの人は一応、東大法学部でしょ？　一応っておかしいけど（笑）。父親は大蔵官僚でしょ？　外観的には、いい家のお坊ちゃんのよくできた青年なわけですよ。そこのところがやっぱり変なんです。加藤周一の『羊の歌』という自伝があるんですが、私はあれは好きなんです。加藤周一が女がどうとか書いてもすごく自然なんです。それは東大医学部で文学がわかって、ハンサムで、スポーツマンで、そりゃもてるだろう、と。それが三島は全部逆に来ちゃうんです。ひ弱で、小っちゃくて、しかも背が私くらいなんです。あの長い顔で。
小池　（笑）。
小谷野　ちなみに、大江健三郎のところへ、スーザン・ネイピアという、大江と三島で博士論文を書いた人が来たんです。私はスーザン・ネイピアさんに会ったことがあるんですが、美人なんですよ。大江が彼女と話していてどうもこの人は三島を大男だと思っているらしいと気付き、「小さい人でしたよ」と言ったんです。そこに光くんがいて、「はい、このくらいでした」って示した大きさが、生首なんですよ。
小池　いやだ！　怖い（笑）。
小谷野　怖いでしょ。大江さんはそういうエピソードを書く。大江さんというのは、私は日本近代最大の作家だと思っている。なぜかというと、あの人は「〝うーうー〟と、声をあげて泣く」とか、絶望して自殺しようとした、とか書くんですよ。三島はそれができない。自分の弱さをさらけだすことができない。江藤淳もできなかった。

小池　なるほどよくわかりますよ。だから三島を読む時は、鎧を読んでいるのかもしれないけれど、でもそのように全面防備して書く極北にいた人として読めばいいんじゃないですか？

冷めた結婚観

小池　『仮面の告白』の「私」は男色家だけど女とも付き合っていましたが、三島自身、結婚したわけでしょ？　結婚というものに対して、すごく考え方が面白い。すごく冷めた結婚観というのが。倉橋由美子や谷崎を読んでいてもそうだけど。

小谷野　谷崎は冷めてないと思う。

小池　ああ、谷崎の結婚感は成熟していますね。だから自在に婚外にも出て行ける。人間に対する情熱を持った人だと思う。けれど三島や倉橋由美子の結婚観というのは、一種の演技という意味で、「結婚＝劇場」みたいな形で私達にいろいろ見せて教えてくれるところがある。結婚したあとに読むとすごく面白いんです。結婚する前に読むと何かそこに違和感を持ったり、嘘を感じるのかもしれないけど。私は三島が、相手が男であれ女であれ、本当に好きで好きで、とか、愛してたっていう感情そのものを持ててたのかな？　と思うんですよね。もしかしたら、わからなかったんじゃないかなとも思う。

小谷野　三島の結婚相手は画家の杉山寧《すぎやまやすし》の娘なんですが、その前に川端の養女に結婚を申し込んでいるんです。林房雄の奥さんが死んだ時に葬儀の席で三島は川端夫人に政子さん（＊3）をくれないかと言ったんです。夫人は聞こえないふりをしたんです。

小池　断ったってわけですね。

小谷野　三島は誰かの娘と結婚したかったんでしょうね。

小池　そうなんだね。やっぱり何か設定が欲しかった、枠が欲しかったんだね。

小谷野　そこは私もわかりますけどね。

小池　（笑）。

小谷野　私も良家のお嬢さんが好きですからね。ただ三島は結婚する時に、文学なんかわからない人がいいと言っていた。そこは私と違っていて、私は良家の娘さんで、文学がわかる人がいい。ところで倉橋由美子といえば『夢の浮橋』が一番いい。

小池　いいですね。私、大好きですよ。賛成だわ。

小谷野　私も好きなんです。なんで、あれで谷崎賞をとらなかったのかと思ったくらい。

小池　『パルタイ』とか初期のものはあんまり好きじゃないです。

小谷野　あのへんは大江の真似なんです。『暗い旅』とかを読むと、一生懸命、大江の真似をしているのがわかる。大江は天才なので、「奇妙な仕事」からしてものすごい天才ぶりなんです。ただ、その前に書いたものも私は読んだので、あ、この時はまだなんだなと思いましたが。『夢の浮橋』には階級というものがあって、この階級からなら誰でもいい、というあの考え方が倉橋由美子にとって幸福なことだったとはあまり思えないですけどね。

小池　そうなんですよ。必ずしも幸福なことだったとは思えないのに、三島もそうだけれども、何かそうせざるをえないと自分で決めていく。三島の奥さんの決め方も、文学なんか全然わからないお嬢さん、丸顔の、とかね。

小谷野　倉橋由美子の結婚相手は宮尾登美子が世話したんです。

小池　ああ、そうなんですか。

小谷野　宮尾登美子も高知県出身なので。ただ当時の宮尾登美子もまだ売れてなかった。

小池　宮尾登美子はお好きですか？

小谷野　好きですよ。宮尾登美子は女流新人賞をとってから十年売れなくて、その時に書いた日記が壮絶ですよ。全集の十五巻に入ってます。文學界新人賞の発表を見て、私はどうなるんだろうと思って少し泣く、と書いてあった。

小池　ああ、読んでみたいな。

人を惑わす悪魔

小谷野　三島は一般に、小説は認めない人でも演劇はいいと言いますね。

小池　三島の戯曲は好きですか？

小谷野　昔は好きだった。

小池　私も昔は好きだった。今はあまり。小説のほうがいいと思う。

小谷野　『サド侯爵夫人』というのを昔観て非常に感銘を受けて、その後、三回観ました。七年前に世田谷パブリックシアターで蒼井優がやった時も観に行ったのですが、母親役の白石加代子が三十年同じセリフ回しをやっていると思って一幕で帰ってきちゃった。最初に観た時は、その母親役を南美江《よしえ》がやっていて、「お前がその貞節という言葉を使うとまた妙にみだらなのだよ」と言う、これが昔はいいと思ったんですよ。

小池　昔はね。

小谷野　だけど三島というのは、こういうセリフがうまいだけなんだなと。

小池　新劇にぴったりなセリフ回し。

小谷野　『鹿鳴館』も論理に次ぐ論理でしょ？　ある人の持っている論理をくつがえすというパターンなんですよ。『喜びの琴』もそう。それがわかっちゃうと、からくりが見えた感じがしてだめでした。

小池　そうなんですよね。だけど、こういう形式があるものや様式美のあるものの中で、三島は本当に生きられると思ったんでしょうね。形が好きなのよね。

小谷野　そうです。『鰯売恋曳網《いわしうりこいのひきあみ》』なんて、あの戦後の世相の中で、あんな見事な歌舞伎が書ける人はいない。ちゃんと歌舞伎になっている。それを『猿源氏草子』から持って来て、芝居に仕立てて、ちゃんと笑いがとれて、歌舞伎になっている。こんな人、他にいないんです。すごい天才なんです。それは認めます。だから演劇はよかった。『近代能楽集』に「綾《あや》の鼓《つづみ》」というのがあって、恋を叶えられないで自殺しちゃった老人の話なんです。原典になっている能ではこの「綾鼓」と「恋重荷《こいのおもに》」はほぼ同じ話で、「恋重荷」は重荷を持ち上げたら愛してやるという話で老人は亡霊です。「綾鼓」は綾を張った鼓を打って、恋した女御に鳴ったら愛してあげると言われ、結局鳴らずに絶望しちゃうという話です。三島の「綾の鼓」では老人の亡霊が鼓を百回打って、もう俺はだめだ、百回打ったけど鳴らないと絶望して消えちゃう。そうすると最後に女が「あたくしにもきこえたのに、あと一つ打ちさえすれば」と言う。

小池　(笑)。そういうラストなんだね。

小谷野　これ、本当に人を惑わす悪魔ですよ。というのは、これはストーカーを元気づけるセリフなんですよ。つまり、どれだけ言い寄って好きだ好きだと言ってもだめなんだけど、ストーカーは、あとひとつ打ちさえすればいいんだと思い続けるんです。だからこれはストーカーには見せちゃいけないセリフです。今はさすがにみんな抑制するようになったと思うんですけど、昔はストーカーを勇気づけるようなものが世の中にはたくさんあったんです。『101回目のプロポーズ』なんてのはストーカーなんです。

小池　本当そうだよね。努力すればなんとかなる、という考え方がありますもの。

小谷野　だから水村美苗さんの『続 明暗』で清子が、わたくし女ですからわかりますよ、あなたが本気であれば、みたいなことを言うんですが、だから、そんなこと言ってはダメだって！(笑)。

小池　それも勇気づけちゃうよね(笑)。

小谷野　映画の『眺めのいい部屋』もいきなりキスするんです。それで好きになっちゃうんです。

あれもダメです。

小池　わかる。今、ダメなのがけっこうありますね。だけど、三島ってラストでそうやって角をキチッと揃える人なのね。紙が乱れたまま出さないで、キチーッと揃えて出来ましたって出すところが本当に優等生だけど、しょうがないんだろうね。落ちをつけるまで終わりにできないところがあるんでしょうね。『金閣寺』のラストもかっこいいもんね。「生きようと私は思った。」っていう。三島は死ぬんだけどね。

歌舞伎と藝者

小池　『仮面の告白』は細かく見ていくと気持ちの悪い小説なんだけど、すごくよくわかる部分もいっぱいある。私は『金閣寺』も『仮面の告白』も気持ち悪いけどどちらも否定できない小説だった。変態文学ですけどね。女性観も歪んでいる。だって胴が大好物なんて話が出てくるんですよ。最近のバラバラ殺人事件の犯人の告白で、そういう言葉をネットで見た気がするんだけど、胴が大好物なんて言い方って、三島の時代にあったの？　と思いましたね。

小谷野　「獅子の仔のようなしなやかな胴が大好物だね」って。

小池　怖いでしょ？　悪魔ですよ。

小谷野　だからあの気持ちの悪い自宅の庭に、あんな像があったんですね。慕われた川端は迷惑したと思いますよ。

小池　（笑）。

小谷野　谷崎、川端、三島の関係って変なんですよ。三島はどっちも好きなんでしょうけどね。だけど、谷崎が死んだ時に、三島が「谷崎朝時代」と言っちゃうんです。あれは、さぞかし川端の神経を逆撫でしたと思うんです。

小池　傷ついたよね。でも川端はやっぱり大人の対応をどんな場面でもする人ですよね。苦労した人だけに。

小谷野　でも三島が死んだあとに、父親が「伜・三島由紀夫」という文章の中で川端の悪口を書くんです。それを『諸君！』が載せたので、川端は文藝春秋の池島信平を罵倒して、池島はそれで弱って死んじゃった。三島の生前、楯の会一周年のイベントをやる時に、三島は川端に挨拶の言葉を頼んだんですが川端は断った。それ以来、三島の父親は川端を憎んでいて、それで川端に意趣返しをしたんです。そこは私の『川端康成伝　双面の人』に詳しく書いてあります。伝記を書くために調べているといろいろわかっちゃうことがありますね。三島については、岩下尚史が三島の元恋人に取材して書いた『直面（ヒタメン）　三島由紀夫　若き日の恋』という伝記がある。その女性は赤坂の料亭の娘なんです。歌舞伎の世界と藝者の世界というのは関係があってメインの客というのは実業家です。だから三島がいくら作家として有名でも、文士なんてのは客としては端くれなんです。三島はとにかく歌舞伎とか藝者の世界に入りたかったんだけれど実際には入らせてもらえなかった。

小池　なるほどね。

小谷野　結局、舟橋聖一のようになりたいと思った文学者が三人いると思うんです。丸谷才一と三島由紀夫と江藤淳。つまり舟橋は本所の裕福な商家に生まれて東大に行って、作家になったんだけれども、金があって御殿を建てて住んでたんですよね。それで、妻の他に藝者の愛人がいる。丸谷才一は、舟橋の『ある女の遠景』が大好きなんです。だから丸谷才一があの変な長い小説を書いていたのは、舟橋聖一のようになりたいと思っていたから。

小池　舟橋聖一という人は、じゃあ歌舞伎とか藝の世界にものすごく深く入ってたんだ。

小谷野　舟橋聖一はもう、かなり。藝術院第三の会員ですから。戦後、谷崎潤一郎原作の源氏物語を歌舞伎にして、それを演じたのが十一代目の團十郎です。だから舟橋聖一は、劇界の人ですよね。江藤淳の場合、舟橋聖一に憧れるあまり藝者の愛人を持っていた。

小池　本当に⁉　あんなに奥さんのことを書いた人なのにね。

小谷野　とにかく江藤淳という人は不細工なのに、自分は慶應ボーイの頭のいいモテる男だと思いたかったらしいですよ。

小池　でも不細工というのは主観的なものだし、それがもてないこととイコールじゃないですよ。小谷野さんもすごく純粋なきれいな目をしてるでしょ？

小谷野　（笑）。

小池　さっき初めて思ったの。喫茶店の入口にいる小谷野さんを見て、この人すごくきれいな目をしてたんだなと思った。小谷野さんの奥様はそういう何かをきちっと見てらっしゃるんじゃないかな。女って「外見じゃない、中身に惚れたのよ」なんて言っても、何かしら長い生活をしていく上には外見で何か好きなところがないと生理的に暮らしていけないじゃないですか。三島も、滑稽な……と言っては申し訳ないけれども、作り上げたボディだけれど、目がきれいだとか、許せるところがやっぱりあったんですよ。三島は強いものが美しいって書いているけど、そんなふうには読まなくて、弱い男の文学と読む女は多いと思います。むしろ、三島の弱点を愛するという見方もあるんじゃないでしょうか。三島及び三島の作品の、強さを装ったすごく脆く弱い、砂糖菓子みたいなところ。

小谷野　新説ですね。それはやっぱり聞いて非常によかったと感じました。さっき目のこと言われたんですけど、この前死んだ西部邁さんに、私は若い頃心酔してたことがあって、大学で会うと、「小谷野くんちょっとコーヒー飲みにいかない?」という感じで、よく話をしていたんです。その時に、私がちょっと神経を病んでいてその話をしたら、「君は目がしっかりしてるから大丈夫」と言われた。

小池　すごいじゃない。本質を見てるじゃないですか。すごく懐の深い見方ですよ。

小谷野　西部さんは人たらしなんですよ。あのあとネットやツイッターで、西部さんは素敵な面白い人でしたってみんな言ってるのを見て「みんなたらされてるな」と。

小池　あの人、声がいいもの。私は直接は知らないけど。

小谷野　老賢者みたいな感じ。ぼそぼそと言っているうちに引きこまれちゃう。私はだから西部さんのお陰で、誰かを崇拝するということをしなくなったんです。一年ぐらい寝ても醒めても西部さんみたいな状態だったあとで、やはり人を崇拝することはいけないことだと思った。だから今は誰も崇拝してないんです。

小池　三島の読み方も、崇拝する人の読み方じゃない読み方もあるってことですよね。

小谷野　谷崎潤一郎が嫌いだと言われても私は別に怒らないです。誰かひとりの作家を崇拝して、悪口は許さないみたいな人がいますけど、私はそれはないです。

小池　そうだよね。おっしゃること、よくわかる。

三島作品のエロス

小谷野　三島は通俗小説がうまい。『潮騒』なんてなんとうまいというか、まずロケーションが神島でしょ？

小池　「歌島」と書いてある島ですね。

小谷野　神島が舞台で題名が『潮騒』で、火を飛び越えるでしょう。というのは全部、売れて映画化するところまでわかって書いているんです。

小池　うん。そうだね。

小谷野　小説を書く機械みたいでしょう。

小池　だから、この人が大きくこけるところを見たいですよね。そういう作品ってあるんですか？

小谷野　『鏡子の家』は大きくこけたでしょ。あれはベストセラーになって二、三年は遊んで暮らせるという目論見で書いたらあまり売れなかった。西洋の作家というのはそういう人がいるので自分もそういうふうになりたかった。ただそれは英語だからたくさん売れる、という前提があります。

小池　英語というのは読者の数が違いますからね。今だったらよくわかる話です。でも三島だったら英訳もされていっぱい読まれたでしょう。

小谷野　金は結局はあったんでしょうけどね。あと『美徳のよろめき』もまたタイトルがうまいですよね。でも『美徳のよろめき』の中に情事があった次の日の朝、全裸で朝食を食べるというのがあったんですが、あれは三島は実際にやってないだろうと思いました。というのは、私は実際にやってみたんです。

小池　（笑）。ひとりで!?　もしかして奥様と?

小谷野　そうです。

小池　本当!?　すごい！　素晴らしい（拍手）。

小谷野　拍手（笑）。

小池　拍手ですよ。だって、私生活を暴露されて、奥様も巻き込んでるんだもん。すごい！（笑）。偉いよ。

小谷野　いや、前の妻なんですけどね。

小池　結婚のベテランじゃないですか。

小谷野　（笑）。小池さんは一回ですか?

小池　私は二回。
小谷野　ほら、人のこと言えないじゃないですか（笑）。二回くらいしますよね。
小池　さあ（笑）。で、全裸の食事はいかがでしたか？
小谷野　人間というのは、夕方から夜にかけてエロティックな気分になりますよね。しかし朝はそんな気分にならないんです。ならないところへ持って来て朝の光の中で裸を見ても無残なだけなんですよ。よほどグラビアアイドルくらいの体を持ってないと。
小池　（笑）。想像したくないですよね。
小谷野　しかもパンを食べると、パンくずが膝の上に落ちる。
小池　面白い（笑）。
小谷野　あんなばかばかしいことは二度とやりたくない。
小池　あはは（笑）。だけど三島の文体や文章は、これは私だけかもしれないけれども、非常にエロティックな気分にさせますね。エロスみたいなものがない逆にこういうカチカチした文章だからこそ、そう感じるのかな。私はたいしたもんだと思いました。
小谷野　私はあんまりならないですね。
小池　三島にはまったくエロスを感じないっていう人もいますけど、私は文章にはあると思った。かっちりしているから、形があるから、崩れを予感させ、エロティックです。
小谷野　あと三島の文藝評論がいいという人もいて、私は「炭取の廻る話」だけはうまいと思っている。

小池　小説が小説として立ち上がる時の要について触れた、小説作法の話ですね。

小谷野　亡くなった曽祖母が裏口から来たという話、あれはよく使います。ただ三島に限らず、近代文学者は柳田國男にコンプレックスを持っている。柳田國男のあのバタッという書き方にかなわないと思っているから、三島も柳田にやられているという気はします。

小池　そうだね。

小谷野　比喩の点で言うと、谷崎潤一郎は変な比喩を使わないんですよ。

小池　使いませんね。

小谷野　初期はちょっと変でしたけどね。初期はちょっと三島っぽいんです。「金色の死」という作品があって、三島がちょっと論じていたんですが、谷崎はある時期からそれを封印しちゃったんです。それはなぜかというと「金色の死」は、江戸川乱歩によって『パノラマ島奇譚』でより完成された姿にされちゃったからなんです。大正期に谷崎が書いた探偵小説っぽいものを乱歩は絶賛してるんですが、むしろそれらを元に、乱歩がより完成されたものを書いちゃったので、谷崎は乱歩にだけは脅威を感じていたんです。ちなみに「金色の死」は最後に体じゅうに金粉を塗って、皮膚呼吸ができなくなって死んじゃう。でもね、実は体じゅうに金粉を塗っても、皮膚呼吸できなくなったりしないんですよ。

小池　現実はそうですよね。

小谷野　昔はそう思い込まれていたらしいですね。数年前にちょっとネットで話題になりました。唐十郎は金粉ショーをやってましたけどね。

短編のスピード感

小谷野　『豊饒の海』は読みましたか？

小池　読んでいません。三島は、「仲間」みたいな愛すべき作品を読んじゃうと、『豊饒の海』は長すぎます。『仮面の告白』も『金閣寺』も私には長い（笑）。

小谷野　『複雑な彼』というのもあるんですが、それは安部譲二をモデルにしている。通俗小説ですがうまい。

小池　通俗ものもうまいですね。

小谷野　『永すぎた春』はちょっと最後のほうがわからなかったですけど、東大生が古本屋の娘と結婚するっていうのがなんかいいんですよ。

小池　私は繰り返し読むならやっぱり短編ですね。さっき柳田國男の話が出たけど、折口信夫をモデルにした「三熊野詣」というのがあって、これもいいんです。和歌が出てきてね。すごくいい短編なんです。短編になると、あまりにも短いから、いちいち結末をつけるっていうよりも、三島のスピード感として、さーっと通り過ぎて終わることができるんじゃないかな。だから、落ちがきっちりつかず成功している。詩のような一筆書きのような、そういう淡さ、軽さみたいなものを短編という様式が用意してくれる。三島に形の恩寵のようなものを与える作品は成功しているような気がするんです。長編のように、ある長さや重さを三島が持ってしまうと、美とは何だとかテーマがガッと出てきて、それを打ち立てないことには長さを引っ張っていけなくなる。本来、三島は「仲間」みたいな童話のようなやわらかい部分も持っている人だと思うんです。それは彼のすごく美しい部分、美質で、それが短編だと生かされてふわっと出てくるんじゃないでしょうか。私も好きな短編、いくつもありますよ。確かに教科書に載るようなカチッとした出来すぎたものもいっぱいありますよ。そんなのは私、全然好きじゃない。「雨のなかの噴水」とか。

小谷野　そこには文壇の問題もあって、短編ばっかり書いていると出世できない。

小池　作家は長編を書かないと出世できないですもんね。確かに。そりゃそうですよね。

小谷野　収入にもならないし。私は長いものは無理ですけどね。伝記はやたらと長いですが。今、近松秋江伝を書き終わったところなんですけど四〇〇枚くらいある。だけど一般の読者は代表作だけ知っているくらいですが、作家は他にどっさり書いてますからね。里見弴なんかものすごい量を書いてます。作家人生は辛いですよ。たくさん書かなきゃならないから。涸れてくるし。

小池　そうだと思うわ。だけど『アンナ・カレーニナ』なんて最初はとことこ始まって、なかなかアンナが出てこないのでいつ出てくるのかな、なんて思うくらい長いですけど、やっぱりあのくらいの長さがあると小説を読む醍醐味が出てきますね。日本の作家って中途半端なんじゃないですか？　三島も、『豊饒の海』なんかはそうじゃないかもしれないけど、『金閣寺』や『仮面の告白』は長編って言えるのかしら。中編っていってもいいのかもしれない。

小谷野　西洋だと中編になるでしょうね。ただそれは要するにトルストイは貴族で、働かなくても収入があるから、十年かけて書いても大丈夫なんです。大西巨人なんか超貧乏しながら、『神聖喜劇』を書いたわけですからね。結局長いものが書けないのは、単純にその作家の生計の問題として金がないからなんです。でもまあ長きゃいいってもんでもないですし。長くて失敗したらそれこそ目も当てられないですからね。

小池　そうですよね。

小谷野　そういえば小池さん、「残酷な天使のテーゼ」ってわかります？

小池　わかりません。

小谷野　『新世紀エヴァンゲリオン』というアニメの主題歌なんですが、ある時期から、日本の歌は歌詞が意味をなしてないと感じているんです。

小池　つまらなくなりましたよね。

小谷野　ある時期から詞らしい言葉を並べただけっていう主題歌が増えてきた。私の感触では一九七八年くらいからなんです。「残酷な天使のテーゼ」も無理やり意味をつけようとしている人がいるんだけど、あれは意味なく作詞してますね。私が予備校に行っている頃、『愛の陽炎』という昼ドラをやっていて、それは『山の音』が原作ですごくチープなドラマだった。

小池　『山の音』はドラマ化するとすごいチープになりそうですよね（笑）。お舅さんと、お嫁さんが、って……。

小谷野　そのドラマの主題歌の歌詞がまったく意味がない。（なかやまて由希の「やさしく傷つ

けて」を歌う）

小池　でもマドラスとか煙とか、具体物が出てくるからまだいいじゃないですか。

小谷野　だからそれらしい言葉だけを並べるんですよ。そういうのがだんだん増えてきましたね。ドラマやアニメの主題歌にそういうのが頻出する。

小池　今はもっと言葉の力が儚くなっていませんか？　そうすると、やっぱり三島ですよ（笑）。三島はもう言葉がボコボコしているでしょ？　うるさいくらいですよね。そんなにがんばらなくてもいいのに、って思うくらい。

小谷野　芥川龍之介がアフォリズムを好きでしょ？　私はアフォリズムというのはダメだと思っている。つまり、アフォリズムというのは何かわかった気になる。「人生は一行のボオドレエルにも若かない」とか言ってね。

小池　そうだね。

小谷野　そんなことを言ってるから自殺するんだ、お前。

小池　（笑）。だけど結局、芥川もアフォリズムにまとまらない「河童」とか、わけのわからない過剰なはみ出しみたいな作品があって、素晴らしいじゃないですか。三島も、そういうはみ出したところにある作品、煙みたいにわいて出た感じの作品が好きですね。

小谷野　「荒野より」は読みました？

小池　「荒野より」、あれいいですよ。あれも短編ですね。

小谷野　あれはいいですよね。蓮實重彦があれの真似みたいな作品を書いていました。映画を観たあとに泥棒が入ってきて、その男が「泥棒じゃありません、泥棒じゃありません」と言って逃げていった。そのあとでずっと、あの男と泥棒じゃありません、じゃなんなんだ、という会話をしていたかったと書いてあってすごくうまいです。蓮實先生は三島を評価しないんだけれど、それはたぶんあの人は自分の中に三島と似たものがあるからだと思います。

小池　なるほど。

小谷野　『現代文学論争』という本にも書いたんだけど、島田雅彦が『優しいサヨクのための嬉遊曲』を書いた時に、加藤典洋が「君と世界の戦いでは、世界に支援せよ」というカフカの言葉を引いて解説を書いたら、今、鎌倉文学館の館長になっている富岡幸一郎が異論を述べて論争になったんです。でも、君と世界の戦いでは、世界に支援せよ、ってこれカフカが鉛筆で消してるんですよ。

小池　へえ（笑）。

小谷野　だから思いついて書いたのを消しただけなんです。たいした意味がないんですよ。バカじゃないかと。でもね、若者はこういうのに魅せられるんですよ。

小池　そうね。

小谷野　若い人はすごく哲学が好きですね。私は私塾をやっているんだけど、哲学好きなのが来ちゃうことがあります。哲学をやって世界がわかりたいみたいな人が来る。あれは非常にやっかいですね。

小池　小谷野さんの小説を読むとそういう色が払拭されているんだけど、文藝評論とかを読むと根っこには哲学みたいなものを志向するところがあるんじゃないの？　だからそういう人が寄ってくるんじゃないですか？

小谷野　私は哲学といっても、プラトンとカントは一応読んでいて、カントなら読む価値があると思っているくらいですけどね。

小池　不思議ですよね。私は読んでないんだけど哲学が好きです。

小谷野　若い人は心身問題（＊4）とかが好きなんです。

小池　流行っているといってもいいでしょうね。

小谷野　つまり哲学を彼らが好きなのは知識がなくてもやれるから。「もし君の脳をロボットに付けたらそれは君か？」とか言われたら参加できるからなんです。だから大学でそういう授業をやると受けるんだけど学生の知識は増えない。

小池　そうですよね。

小谷野　だから文学を教えると、文学というのは読まなければならないので学生には負担になって評判が悪いということになるんです。

「楢山節考」のお嫁さん

小谷野　深沢と三島はたぶんゲイ関係にあったと思います。

小池　え、本当に？　現実に？

小谷野　だって深沢はゲイでしょ？

小池　二人とも女嫌いだものね。だけど「楢山節考」って最高だなって時々読み返すんです。

小谷野　「楢山節考」はどこがいいんですか？

小池　これは本当に好きですね。深沢七郎も女はすぐ結婚するから嫌だ、結婚は嫌だって言ったりして、女は嫌いと言って女の扱いが残酷なんだけれど、優しい目がある。玉やんっていうお嫁さんが出てきて、読んでいるとホッとするんです。おりんよりも、玉やんがいてくれるので「楢山節考」が輝くんですよ。それは玉やんが、おりんを大事にするからなのね。無残にもさっさと連れていかれて捨てられちゃうおじいさんも描かれ、おりん自身も自ら率先して行こうとするんだけど、おりんの息子も楢山に自分の母親を遅く連れていこうとするんです。それでここには、「楢山まつりが三度来りゃヨ　栗の種から花が咲く〜♪」とか、ミュージカルみたいにいっぱい歌が出てくるでしょ。文庫でも後ろのほうに楽譜が出ている。私もこの楽譜で歌ってみようかなって思うくらい、歌の小説なんですよね。深沢七郎には、本当に深い歌心を感じるの。「楢山節考」は歌っているんですよ。私、歌の中で最高の歌って鼻歌だと思う。鼻歌ほど人を幸せにするものはない。深沢七郎は、絶望的なことを書いて、心底絶望の深い人だと思うんだけど、この人の作品を読むと救われるのは、やっぱり最後、死のうか生きようかと思う時に、鼻歌を歌ってりゃいいよ、それでも生きていこうよ、というところがあるからなんです。『笛吹川』もまたお嫁さんがいいんです。このお嫁さんのポジションを書いてくれたってことで、日本の家族の一番絶望しているところを、この人はあったかく、暖炉のような手で描いていると思う。だから絶望が深くても、絶望した上で鼻歌を歌って生きていこうよっていう感じになるんですよね。

小谷野　でも鼻歌というのは、知っている歌を歌ってはいませんか？

小池　そうですね。知ってないと歌えませんね。だけど、これ、「演技」という話につながるかもしれませんけど、ものすごく絶望している時に意外に鼻歌って出てくると思う。そういう時、人間は、たとえ知らない歌でも、知っているような演技をしてね、鼻歌を歌って、そういう自分に、自分が励まされるんだと思うんですよ。

小谷野　私は大阪で閉塞感のあるマンションに住んじゃったんです。引っ越せばよかったんだけど、気付いた時にはもう引っ越す気力を失ってたんですね。五年いたんです。

小池　本当に大変な時期だったんだ。

小谷野　夜眠れなくて、精神安定剤でジスロンっていうのを買ってきた。でも効かないんですよ。薬屋で買ったのなんて、たいして。その時に私は「ジスロンを、飲んでみよう～♪　ジスロン　ジスロン　ジスロン～♪」と歌ったんです。

小池　（笑）（拍手）。本当!?　それ、なんとなく歌っちゃったんでしょ？

小谷野　そうです。

小池　それで、そんな歌はないですよね。

小谷野　ないです。

小池　ほら歌っちゃうんだよね。それが深沢七郎の「楢山節考」ですよ。

小谷野　だから私はたぶん、今おっしゃったことは体感している。だって二十四年経って今も憶えてるんですから。

小池　これ音声付けて紹介したいね（笑）。それで今、思い出したんだけど、麻原彰晃の歌があるでしょ？　一度目に結婚した人が音楽家で指揮者の卵だったんですが、麻原彰晃の歌はよくできている、実にうまく作ってあるって感心してたんです。すごくシンプルなメロディラインでしょ？　バカにされるような歌なんだけれど、あれもやっぱり絶望の底から出てきた、ある種の単純なメロディなのかもしれないですね。

小谷野　そうですね。

小池　絶望しているかはともかく何かバカにできないものがあるんですよ、ああいうシンプルなメロディラインには。だから「楢山節考」とかジスロンの歌も、そういうラインに並んでると思う。

小谷野　小池さんは嫁姑の争いに関わったことはないんですか？

小池　私自身はあるんです。やっぱり母親というのは息子が可愛いし、どんな人も、どんなによくできた姑も必然的に息子を取られたというところを結婚ははらんでますよね。私も二度目に結婚した当初、お義母さんとものすごい大喧嘩をしたんです。でも今はそれのおかげもあって仲良くなりました。お互いはっきり言っちゃう性格だったから、ぶつかっちゃったんだと思います。だけど、昔もそういうことはものすごくあったと思うんだけど、深沢七郎の作品では嫁姑で争った話はないんじゃない？

小谷野　だってこの人、結婚してないじゃないですか。
小池　してないんだけど書かなかった、わからないから書かなかったっていう感じはしない。むしろ、嫁が姑を思ってたり、嫁の気持ちもわかる、できすぎの姑を書くんですよ。
小谷野　だからそれはファンタジー。
小池　ファンタジー……かもしれないよね。だけどこれはいいじゃないですか。そんな喧嘩なんて読みたくないですよ。
小谷野　でもドラマではよくありますよね。
小池『渡る世間は鬼ばかり』とか？　あれはもう喧嘩ばっかりでしょ？
小谷野　だから喧嘩できるのはまだいいんですよ。本当は暗く何も言わずに憎みあってるっていうのが一番怖いんですよ。
小池　そりゃ怖いです。そしてそういう小説があってもいいけれども、「楢山節考」は最終的に山へ行くってことが、どかーっとあるわけですから、その他のことはファンタジーでいいんですよ。
小谷野　そうですか。
小池　ファンタジーでなければ、山へ行くってことが支えきれない。あの他に細かい現実のことがいっぱい書かれていたら、私達とうていこの話を読めませんよ。雪が降ってきて、それだけでも私、涙滂々《ぼうぼう》です。これは一年に一回は読み直したい作品です。
小谷野　私は最初の結婚の時は母が生きていたので、やっぱり嫁姑の争いはありましたね。今の妻の場合は結婚した時には母が病気でほどなく死んじゃいましたから、生きていたらたぶん大変だったんだろうなと思います。

小池　そうなんだね。

小谷野　うちに「楢山節考」の初版本があったんですよ。あの当時すごく売れたので父か誰かが買ったんですね。その背表紙に「不滅の国民文学」って書いてあるんです。だから私もまさか新人の小説だと思いませんでした。不滅の国民文学の脇に「ならやまぶしこう」ってルビがふってあるから、子供の頃は人の名前だと思ってました。アメリカにブシコーって作家がいますね。

小池　(笑)。私は言問団子って人の名前だと思ってました。「こととい・だんご」さんていう人がいるんだと思ってましたけど、お団子の名前でした。

小谷野　「楢山節考」の初版本の帯の裏側には、正宗白鳥とか木下恵介とかの絶賛の声が載っていたんです。木下恵介の「読んでいるうちから、撮りたくなっちゃってね。みんなをあっと言わせるようなやつを撮ってやろうと思っているんだ」という言葉が載ってました。あの時は能仕立てで映画にしたんですよ。いわゆる様式的な作品でそれは非常に評価された。その次に今村昌平がリアリズムで撮った。

小池　それは観ました。

小谷野　それはだめだったんです。あれは全然、木下恵介に及ばない。

小池　木下監督のはぜひ観たいですね。

肌に粟立つような恐怖

小池　深沢七郎は「楢山節考」もいいですけど、「月のアペニン山」（＊5）とか変な作品があるじゃないですか。そういうのも大好き。『庶民烈伝』も好き。

小谷野　私は「東北の神武《ずんむ》たち」が好きなんです。私はちくま文庫で『童貞小説集』というのを編纂して、それに入れたかったんですが……。「東京のプリンスたち」ってあるでしょ？　中上健次が「東京のプリンスたち」みたいな作品をたくさん書いたんですよ。中上健次の作品には必ず美青年が出てくる。だから中上は半分ゲイだったんじゃないかなと私は思っているんです。

小池　ああ、なるほど。深沢七郎は、写真でみる限り、彫りが深く美少年系だと思います。だけど笑った顔などを写真で見ると、非常に気味が悪い。甲州の、いかにもひとがよさそうな人のようでいて、悪魔的なものがにじみ出ている。とても複雑なものが押し寄せている顔で見飽きないんですよ。老いても紅顔の美少年といっていい、不思議なお顔だと思う。

小谷野　それはちょっと特殊な意見かもしれない。

小池　そう⁉　あとは「みちのくの人形たち」も好きだな。

小谷野　私は『盆栽老人とその周辺』が好きだった。

小池　いいですよね。私も読みました。

小谷野　でも「楢山節考」は芥川賞の候補にならなかった。
小池　なぜでしょうね。
小谷野　たぶんあの当時はもう新人ではないという感じがあったし、まあ中央公論の作品だから、文春ではあげないみたいなのもあったのかもしれない。
小池　そういうのがあるんですか。
小谷野　もちろん庄司薫だって中央公論だけど芥川賞を受賞していますが、あの人は以前に「喪失」で福田章二時代に新人賞をとってますからね。ただ、深沢七郎は「風流夢譚」の事件があった。
小池　「風流夢譚」はすごいよね。
小谷野　私がカナダに留学した時に、カナダの日本文学者の間で「風流夢譚」が流行ってたんです。つまり、日本はこんな右翼の国だと。あれはいまだに単行本にならないですね。
小池　ならないですね。読めますけどね。
小谷野　あの時に、丸尾長顕がけっこう酷いことを朝日新聞に書いたんです。深沢七郎は最初から変だったと。あの時に深沢七郎は泣きながら記者会見をして、しばらく雲隠れしてラブミー農場をやっていた。でもわりあいすぐ復帰しましたね。「風流夢譚」を面白いから載せろっていったのが三島由紀夫なんです。
小池　ああ、そうだったんだ。
小谷野　深沢はデビューした時に谷崎に弟子入りしたいと言って編集者と一緒に谷崎の家に饅頭

を持っていったんです。

小池　でも嫌だって言われたんですか？

小谷野　そしたら谷崎が饅頭を食べて嫌な顔をしたので、これはダメだと諦めた。

小池　（笑）。顔だけで？

小谷野　谷崎は正宗白鳥が「榾山節考」を褒めていたので、正宗白鳥にでも弟子入りすればいいんだと言ったら、本当に深沢は正宗白鳥のところに行ったんです。正宗白鳥の家に行くと、池があったので見たら、「白鳥がいない」と書いている。

小池　ふふ（笑）。

小谷野　だから深沢七郎っていうのは、天然なのかっていう話もある。ただ『笛吹川』を読むと、別にバカではないんだろうなと思いますね。

小池　バカじゃないですよ。「風流夢譚」だって、自分で和歌を作ってるわけでしょ。あれだけ天皇及び和歌的なものを否定していながら、和歌は作れるんですよ。だからすごいと思った。あの和歌を読んで。私が深沢の「月のアペニン山」が好きなのは、遠近感のないところね。深沢の書き方は子供の絵に似てる。三島なんかは近いところ遠いところをきちっと描写して遠景は遠景、近景は近景、細かいところもきちっと描写するけれど、深沢は子供が絵を描くみたいに、ここは好きだから大きく描くけど、ここはよくわかんないけど描いておくね、みたいに全部等価で書くでしょ？　だから、「月のアペニン山」なんかも南砂町のあたりから蠅が飛んできて蠅を叩いて困るみたいな話が出てきて、読んでてもよくわからない描写があったりして距離感がわからないんです。人間と人間の距離感も。三島にもちょっとそういうところがあるけれど、この人はどのくらい遠いところにいるのか隣にいるのか、ちょっと離れたところにいるのか、どこにいたの？　っていうくらいよくわからない、距離感の不明感がある。それを上から見て、人間及び物をぐちゃっと潰すと、物とか風景ってのが訳わからなくなってきて、隣との関係もわからなくなってきて、ましてや距離感なんかも全然潰れちゃう。そういう上からぐしゃっと潰したような絵なんです。それがたまらないんです。でも見えてる時にはここにおりん婆さんの顔があるんだね、とか、そういう配置はわかっているけれども、配置の距離感は潰れている。そういうめちゃくちゃな書き方がよくできるもんだな、素晴らしいな、と思うんですね。

小谷野　「楢山節考」は三島由紀夫が最初に読んで肌に粟立つような恐怖を感じたと書いている。

小池　怖いね。

小谷野　それは親を捨てるのが怖いんですか？

小池　親を捨てるのも怖いんだと思うし、なんでしょうね。論理が通用しないっていうのかな、何かが通用しない、自分の美学が通用しない世界が書かれてるってことですよね。三島が作ろうと思うものが壊されるわけでしょ？

小谷野　でも谷崎は興味を持たなかったんですよ。

小池　なんでですかね？

小谷野　それは私もわかるんです。谷崎には「三つの場合」という随筆があって、『細雪』で最後に雪子と結婚する御牧のモデルになった渡邊明という人が出てくるんです。渡邊明っていうのは五十代でガンで死んじゃうんですけど、「三つの場合」は自分の周囲で死んだ三人のことを書いている。ところが、谷崎は死のことを考えないですから、「死」の感じがないんです。生きてる人間が死を眺めているっていうことがありありとわかるんです。私も死のこと考えない、考えたくない人間なので。

小池　怖い？

小谷野　そう。怖い。考えると怖い。谷崎ものすごく死を恐れた人でした。『谷崎潤一郎伝　堂々たる人生』を書いた時に、谷崎が死んだところに行ったんです。谷崎は湯河原に湘碧山房《しようへきさんぼう》という名前の建物を作ってそこで死んだんですけど、ものすごい恐怖を感じるんです。ここで谷崎が死んだっていう。

小池　え？　小谷野さんが恐怖を感じるの？

小谷野　感じる。谷崎が死んだあとに松子は別のところへ移ったので、今はピジョンという会社の寮、保養所になっているんですけど、すごい嵐の翌日に行ったんです。ものすごい恐怖を感じました。やっぱり私は死ぬのが怖いんです。すごく私は谷崎的人間なので。

小池　乗り移ったように怖かったのね。

小谷野　怖い。だから、伝記を書いていて死ぬところになると怖いんです。

小池　ああ、そうなんだ。むこうが乗り移ってくるの？

小谷野　ずっと書いてきた人が死ぬと、やっぱり怖いです。だから怖くなかったのは、川端だけです。自殺だから。自分の意志で死んでいくと思うから。
小池　なるほどね。
小谷野　深沢は「みちのくの人形たち」で川端賞をもらったのに、川端が嫌いだと言って拒否して谷崎賞をとっちゃったんですよね。
小池　あれも、よくわからない話ですけどね。そういうふらふらしてるところがいいですよ。それも本当に突き詰めてみればよくわからないことじゃないですか？　どうして？　なんて誰も突き詰めないけど。本人もその時に、何か深い理由があったとは思えない。
小谷野　昭和十七年に深沢は原稿を川端に送っているんです。
小池　はねつけられちゃったの？
小谷野　たぶん、何もしてくれなかった。
小池　ああ、そう。じゃあそれが残ってたかもしれませんね。そういうのは残りますよね。
小谷野　でも谷崎もあんまり相手にはしてくれなかった。深沢は谷崎が好きだったのとは違うんです。谷崎賞は中央公論社の賞だから。
小池　それが一番大きかったのかな。
小谷野　そうでしょう。
小池　自分が迷惑をかけたっていう思いもあったんでしょうか……。
小谷野　小池さんは川端賞をもらってますよね。いいなあ。私、川端賞が欲しいですよ。川端賞はみんな欲しがっているんです。西村賢太も欲しがっている。

小池　川端賞ってなんかうれしいですよね。これからいっぱい書けばいいじゃないですか。短編の賞だもの。小谷野さんは三島が嫌いだとおっしゃるけれど、それもわかるんだけど、やっぱり似てるところがあるんですよ。

小谷野　そりゃそうですよ。スポーツ苦手で、馬琴が好きで……。

小池　（笑）。そんな弱みばかりじゃなくて、いいところが似てる。明晰すぎるの。もちろん、いいところっていうのは、弱点でもあるんだけど。もっとぼやっと、それこそ深沢七郎のような、ゆらゆらしたところを……。

小谷野　無理無理。それはまったく無理です。だって、とにかく、地図を描かないと書けないみたいなところがあるんです。

小池　地図を描くの？

小谷野　子供の頃、引っ越しをしたらまず地図を描きましたからね。

小池　私、そういう子供は嫌いじゃないですよ。私もやってみたい。でも、すごく面白い子供ですね。じゃ、いっぱい歩かないと地図を描けないでしょ？

小谷野　だからどんどん修正していくんです。だから地図が好きなんです。もっと恐ろしい話をすると、自分の年表があるんです。

小池　（笑）。

小谷野　私は谷崎詳細年表とか、川端詳細年表とかを作っていますが、あれの自分版があるんです。

小池　(笑)。自分で作るんだから誰にも負けないですね。
小谷野　だから何年何月何日に浅草へ行って芝居を観て帰りにバルザックの『従妹ベット』を買ったとか書いてある。まあ日記ですけどね。

イメージが育つ

小池　私が「楢山節考」を最初に読んだのは、そんな若くもない頃です。深沢のお嫁さんのよさに気付いたのは、やっぱり結婚したあとですね。文学作品は全部そうだと思いますけど、読んだあとちょっと放ったらかしにしておくと、イメージがそこから発酵してきますよね。読んでいる時は全然気付かないでただ文字を追っているんだけど、読み終えたあとの時間にお嫁さんが出てくるんですよね。書評を書く時なんかもそうなんですけど、寝て本を閉じて眠る前と起きる前、あと、お風呂に入ってる時、書くべきことが浮かんでくることがありますね。だから書評ってけっこう時間がかかります。
小谷野　お風呂は長いんですか?
小池　短い。私、お風呂嫌いだから。ついお風呂でも何か読みたくなっちゃったり。
小谷野　私はそれはないですね。
小池　本がふやけちゃうからあんまりそれはやりたくないんですけど。とにかく何もしないでいる時間にイメージが浮かんでくる。深沢七郎のお嫁さんも、そんなところで発酵してきたイメージのひとつでしたね。ああ、お嫁さんはいいな、お嫁さんはうまく書いてあるなって。

小谷野　あとで読み直してみます。

小池　救われますよ。

小谷野　私も風呂は短いです。当然ながら煙草を吸っていた時は風呂では吸えないので、すぐ出てました。とにかく裸でいるのが嫌なんですね。

小池　そうなの？　裸でご飯を食べたくらいなのに。

小谷野　（笑）。セックスは別なんです。風呂とかで裸でいるのは嫌なんです。今、強盗が入ったり火事があったりしたらまずいって思いませんか？

小池　全然思いません。小谷野さんは先のことを考えるところから不安が出てくるのかもね。

小谷野　そりゃそうですよ。二つケーキがあったら好きなほうから食べます。それは一個食べた時に火事が起こったら……。

小池　未来を信じてないというか、何があってもいいように先に食べておくってことですね。

小谷野　そうです。

小池　私はけっこう好きなほうをあとに残したりするから、まだ未来を信じている（笑）。

小谷野　楽天的なんですね。

小池　ちょっと先までは信じてますよ。

小谷野　映画とかでも不思議なのは、観てる時につまんないなと思っても、後になって妙に記憶に残るっていうのがある。逆もあって、私は読書記録をとってるんですけど、読んだ時に素晴らしいと思った作品に①と書いているんですが、①がついてるものを全然覚えてなかったりするんです。

小池　そうですか。わー、よかったと思って、きれいに忘れちゃうんですね。

小谷野　高校生の時に、ヘンリー・ミラーの『北回帰線』を読んで、読んでる時はなんかよくわからなかったんですが、一ヶ月くらい経った時に、くわーっと太陽のようなイメージが浮かんできた。

小池　作品自体が育つっていうことがあるんでしょうね。放っておく間に。

小谷野　そうです。イメージが育つ。

哀れさに引き込まれる

小谷野　詩っていうのは、最近はだいたい自費出版ですね。

小池　そうですね。この先ますますマーケットが狭まっていくような気もします。

小谷野　昔も売れていたということはないような気もしますが、売れたと言えば『智恵子抄』とかですね。

小池　やっぱりあの時代はまだ売れたということなのでしょうか。

小谷野　でも『智恵子抄』は『春琴抄』を見て、高村光太郎が「抄」っていうのは女を褒めるものだと勘違いしたんじゃないかって気がするんですよね。

小池　えっ？　どういう意味ですか。
小谷野　『春琴抄』は『鵙屋《もずや》春琴伝』というのがあって、それの「抄」という意味なんですけど、なんか光太郎が勘違いして付けたのではないかと。
小池　春琴抄の「抄」の意味を初めて知りました。光太郎の話は、本当にそうだとしたら面白い説ですね。光太郎は戦争詩とか書いちゃったけど、当時の日本人としてはすごく新しいところがあって、女の人を称揚するということをごく普通にできた人かと思ってました。
小谷野　でも黒澤亜里子によると、智恵子が狂ったのは光太郎が悪いんだってことですよね。
小池　そうそう、そういう考えもあります。
小谷野　智恵子を押し込めたと。昔の作家で自分の妻がもの書くのを嫌がる人っていましたよね。
小池　そうですよ。それが普通だったんだと思う。
小谷野　森鷗外は違う。森鷗外は妻に書かせた。鷗外はそのへんはモダンなんです、やっぱり。まあ、余裕でしょうね。
小池　なるほど、余裕ね。三島なんか考えられないでしょう。妻が書く女というのは。
小谷野　そうなのかな。
小池　絶対に認めなかったでしょう。だって多田智満子さんという詩人を「男だと思った」って三島が言っているんですよ。それも褒め言葉として。「多田智満子って女だったんだね」って。
小谷野　なんかそれは変ですね。
小池　普通、智満子だから女だと思いますよね？

小谷野　そりゃ思いますよ。

小池　(笑)。すごい言い方だよね。考えてみれば。小谷野さんが「三島のように女性嫌悪の激しい作家に、なぜ女性ファンが多いのか疑問に思い、ついに日本女性は女性嫌悪者が多いと考えるにいたった」と書いてらっしゃいましたが、それはありうるかもしれないと思った。実は今の女は、女であることを全うして充足して幸せ、っていうふうに思えないものがあるんじゃないかな。すごく引き裂かれているような気がして。子供を産まないことも私はごく普通の現象のような気がしてね。女が子供を産まなくなったって当たり前じゃないかって。そのものの性を充足することにすごく抵抗するような生き方しかできないような感じになってきたんですよね。

小谷野　でもマルグリット・ユルスナールが三島を好きですよね。外国では女はみんな三島を敬遠しているかというと、そうでもない。

小池　女は三島の何に惹かれているのか。女性嫌悪が現れていても、それに反発して読まないのではなく、それを認めて面白がるという読み方がありますよ。『仮面の告白』でもこの人はどう考えても男が好きだろうって読めても、この小説の多くを割いているのは女との交渉じゃなかったですか？　確かに、男との対峙で、深く一瞬にして射抜かれて惹かれるというような描写はあるんだけれども、わたしは三島自身が一〇〇％ホモセクシャルだと思って受け取っては読んでこなかったかな。そのあたりは曖昧な領域です。現実ではどうだったかわからないし、結婚していたし。

小谷野　それで最初に腐女子の話をしたんですよ。

小池　そう。女の中に女を嫌う視線があっても、女はそれを平気で読む。自分の中に、気が付いていないけれども、実は同じような女性嫌悪のまなざしがあるから読む場合もあるでしょう。私は自分のことを考えても、普通にそういうのはあると思うけどね。それから、三島はすべてを距離を持って書いてるから。全部劇場だから。自分自身についても、自分が恋愛してても、その自分をものすごく距離を持って書いてるから、その哀れさに引き込まれる、というか……。

小谷野　三島は右翼だから、右翼の批評家は三島が好きだというふうに思ってる人もいるんだけど、そんなことは実際になくて、江藤淳は三島を評価してなかったし、私の師匠も評価してなかったですね。平川祐弘さんとか。

小池　思想を同じくするからどうのこうのとか、そういうわけではないしね。

小谷野　ただ小西甚一は、『日本文藝史』で『豊饒の海』を、日本文学の行き着く極点だってすごく礼賛していて、佐伯彰一先生も三島が好きでした。三島は最後、自衛隊で演説している時って、そうとう緊張していたですね。それが哀れさなんじゃないですか？

小池　結局、聞こえないから誰にも理解できなかった。後になって、「もっとしっかり聞いてやればよかった」って人も出てきたじゃないですか。だから、「あれ？　何言ってるのこの人？」っていうふうにほぼ一〇〇％の人はそう思っちゃいますよね。なんであんなところで何か叫んでんの？　って。だからもう最初から遠いんですよ、三島って。その距離がやっぱり自分で把握できないんですよ。あんなところで喋ったって聞こえないのよ。距離がありすぎる。

それを測れないのね、あの人は。

小谷野　円地文子でしたっけ。三島さんにスピーカーを持たせてあげたかったと言ってたのは。

小池　わかるそれ。お母さんだったらスピーカーを持たせますよ。あんたそれじゃ聞こえないんだよ、って。深沢七郎も遠近感がないって言ったけど、三島も距離の測り方がおかしいんですよね。でもその異常性があの小説を書かせたんでしょうね。

小谷野　でもあれって要するに最初から予定通りでしょう？

小池　死ぬことが？　そうね。でも『金閣寺』の最後、生きたい、さあ生きようと思ったって、書いてたのにね。

小谷野　でもあれで自衛隊員が、決起するわけがないじゃないですか。

小池　そうなのよ。わかってないのよ。自分があんなところで言って、どのくらいの影響力があって、どんなふうにみんなが動いてくれるか。

小谷野　そういう作家としての名声を過大に見積もったわけでしょ？　そのへんは、ＮＡＭをやった柄谷行人に通じるものがありますね。自分の名声が社会を動かすと思っている。

小池　三島の作品ってけっこう風景でも丁寧に描写してるでしょ？　自分は本当に気持ちよくきちっと書いていたんでしょうけど、今はなかなか風景描写が読めない時代になってきたな、と思います。もうだいぶ前からだとは思いますけど、飛ばされちゃうだろうなと。そういうところも自分ではものすごく満足感があったのかもしれないけど、バランスの悪い小説っていうふうに言えるのかな。

小谷野　三島は自然に興味がなかったようですね。松にオスとメスがあるのを知らなかった。

小池　自然や風景を描写してもこっちに肉感として入って来ないせいもあるのかな。確かに生々しいものがないんですよね。きれいには書いてあるんだけどね。

小谷野　それは一応、小説だから入れなきゃいけないと思って書いたんじゃないでしょうか。私の小説は自然描写がないんです。正宗白鳥が自然なんかどこが面白いと言ったんですけど、そういう感じです。女性嫌悪ということでいえば、私は漱石の『こころ』のほうが酷い気がする。だからああいうものが名作のようにまかり通っているのは、憂うべきことですね。三島の場合には、『こころ』のような意味での害毒は流してないですよね。

小池　でも女のパターンが、背景に戦争や敗戦があるせいかもしれませんが、アメリカ人に寄り添っていく女のお腹を踏みつけて流産させるとか、ああいう、崩れた女か母親かみたいになっちゃって、あるいは、お嬢さんか。ちょっとパターンが決まってますよね。

小谷野　まあ、それはしょうがないですよね。作家っていうのはそんなに幅広く見ていない。丸谷才一の小説を読むと出てくる女はみんな娼婦なんです。たぶん丸谷才一くらいの年齢だと大学に女性がいないでしょ？　一応大学で教えてはいたからあれですが。

小池　あと細かく言えばもっといろいろ面白さがありますよね。吃音とか内反足とか。そういう障害が出てくるわけじゃないですか。すごく面白いと思ったのは、吃音は現実にはどもっても、書く場合にはそう書いてないじゃない。全部そこは省いてある。あと、主人公が笛を友達からもらって縦笛を吹く場面が何箇所かずいぶん出てきて、笛を吹く時には吃らない。ふーっと音が出るという話がある。吃音を中心に見ても『金閣寺』は面白いんじゃないですか？　書いたものは全然どもってなくて、むしろ正反対に流麗ですよね。

小谷野　市川崑が『金閣寺』を『炎上』という映画にしていて、これは金閣寺というタイトルが金閣寺から許可されなかったから、「炎上」ってタイトルにした。吃音は映画のほうがわかりやすく描かれていましたね。これもちょっと能仕立てみたいな感じなんですけどね。

＊1　「仲間」『群像』一九六六年一月号掲載。

＊2　鶴田欣也（一九三二―一九九）日本近代文学研究者、ブリティッシュ・コロンビア大学教授を務め、小谷野の師匠。川端を専門とした。

＊3　川端政子（一九三二―　）川端の従兄の次女で川端が養女にし、のち山本香男里（一九三二―　）と結婚。麻紗子と書かれたこともある。香男里は東大文学部ロシア文学科教授を務め、妹は美術史家の若桑みどり。

＊4　心身問題　人間の脳を他の人間の体に、またはロボットに移植したらそれは元の人間と同じ人だといえるのか、といった設問。『オズの魔法使い』に早い時期の例がある。

＊5　「月のアペニン山」『三つのエチュード』として他二作とともに『知性』一九五七年四巻四号掲載。

第二章

『グレート・ギャツビー』 F・スコット・フィッツジェラルド
『欲望という名の電車』 テネシー・ウィリアムズ
『ロリータ』 ウラジーミル・ナボコフ

小池　小谷野さんは戯曲をよく読まれてたんですか？　『欲望という名の電車』をテーマに選んだのは戯曲だからってわけでもないんですよね？
小谷野　そうです。この作品は妙に人気がありますよね。
小池　そうですね。この機会にすごく久しぶりに読みました。これは四〇年代？
小谷野　四七年ですね。
小池　とても面白かった！
小谷野　ああ、そうですか。前に明治大学で教えていた時に、何冊かの本をリストアップして任意に選んで感想を書けっていうレポート課題を出したら、この作品について「このブランチという女はすごく嫌な女で強姦されて当然だ」と書いた学生がいたんです。
小池　本当に⁉
小谷野　それで怒って、強姦に関する本を二冊くらい読ませて反省レポートを書かせたんです。ただその時に、この作品を読んでそんな激しい感情を抱けるっていうのはすごいなと思ったんです。私は何も感じないです。
小池　小谷野さんはまだ若かったんじゃない？　今読み返してもそう思う？
小谷野　ええ。若かったというのはどの程度の若さかにもよりますが。
小池　私は、最初に読んだのが学生の頃、二十代だったと思います。それでずっと読んでなくて、今回読み返したら、やはり当時はとても読み取れなかっただろうなと思うところが多々ありました。ブランチとステラという姉妹が出てきますよね。私にもひとつ違いの妹がいるんです。

姉妹というのはなかなか難しくて。幼年時代を共有していたにもかかわらず、その後、結婚したりして、中年以降になってくると、それぞれの生活がありますからね、だんだん溝が開いていくんです。それが悲しいばかりに実感としてわかったし、女が狂っていくっていうのもリアルに、実感としてすごくよくわかる。ブランチって私のことだな、と。私の妹にもブランチ的なところがあるし。姉妹は、極端な話、みんなどちらかがブランチになるんじゃないかな。そしてステラにも自分に近い要素があるなと思う。この話、他人事とは思えませんよ。

姉妹の溝

小谷野　小池さんは演劇は好きですか？

小池　けっこう好きなんです。高校生の時に自分でもやってました。小谷野さんも大好きでしょう？　けっこう観てるでしょう？

小谷野　前にも言いましたが、私は若い頃、演劇評論家になろうと思ったんです。実際にやったのは大学一年生のクラス演劇で、コクトーの『恐るべき子どもたち』を脚色して演出しました。しかし結局、わからないままやっちゃった感じでしたね。

小池　（笑）。そうなの？　昔、読みましたよ。私は好きだったわ。

小谷野　そりゃ私にはわからないですよ。すごく同性愛的な作品だから。女が出てくるんですけど、本当は男なんです。プルーストと同じで。

小池　『欲望という名の電車』にも同性愛のことがちょっと出てきましたね。
小谷野　出てきましたね。もちろんテネシー・ウィリアムズ（＊1）自身が同性愛者でしたからね。だからやっぱり同性愛者の作品は私にはダメなんです。
小池　そういうことも少し関係あるのかな。私はそこはあまり気にならなかったんだけどね。
小谷野　女の人はそのまま入っちゃう。だからたぶん『欲望という名の電車』が好きなのは女の人が多いんじゃないですか？
小池　かもしれない。男の人ってこの作品に何か入りにくいものがあるかもしれないですね。このスタンリー・コワルスキーの肉体、すごく頑強ですよね。マーロン・ブランドが映画でやりましたでしょ？　この役。
小谷野　初演の時からブランドですね。
小池　それを観ちゃったというのもありますが、既にイメージができちゃってますよね。実際に読んでも、頑丈で引き締まった身体つきと書いてある。本のカバーにも映画の写真が使われて、スタンリーのイメージが筋肉隆々の肉体派という感じになっている。あれでこの作品に入れるか入れないかの、ある刻印がされますよね。すごく生々しい肉体の世界があるんだ、ここに、という。
小谷野　それについては、私はまったく不感症ですから。私は男で、しかもそれとは対極にいる男ですから。最初の上演時の批判に、ステラがこんな乱暴な男と結婚するわけがない、とあったんですが私もそう思う。

小池　私は全然、その批評はわからない。ステラは充分こういう人と結婚して、そのことによって、お姉さんと決裂する姉妹の典型的な、あるワンパターンを演じていると思う。

小谷野　つまり、スタンリーにそんな悪印象を持ってないんですか？

小池　そうなの。これは『グレート・ギャツビー』にも関係してくるかもしれない。実際に会ったらスタンリーなんてとんでもない男だと思うんですよ。だけど、この劇中のスタンリーには、真水のごとき何かが流れていると思うんです。酒浸りで、ポーカーをやって乱暴な悪い男達の中にしじゅう浸かりきっているような堕落した男。だけど、スタンリーの中には、まだ一点きれいなものが残っている。

小谷野　それはものすごく女の人っぽい感じ方ですよね。

小池　（笑）。そうですか？

小谷野　漫画の『愛と誠』なんてまさにそれじゃないですか。あの当時、ああいうのが流行ったんですよね。『あしたのジョー』だってそうです。つまり、お嬢さんが乱暴者を好きになっちゃうという話は、私にとっては敵の世界なんです。

小池　（笑）。でも妹のほうはもうお嬢さんから脱皮して、スタンリーの腕にしなだれかかって、すっかり女房になってますよね。スタンリーの一部になっちゃってるでしょ？

小谷野　『大草原の小さな家』というドラマのあのお父さんは完全に善良で力強いお父さんですよね。ああいう男なら私はわかるんです。だけどスタンリーは私はダメです。マーロン・ブランドは『乱暴者《あばれもの》』や『波止場』で主演してるでしょう？　ブランドはそういうキャラクターなんです。だからそもそもスタンリーはブランドっぽいですよね。

小池　私も基本的にマッチョみたいなのは嫌です。だから彼に積極的に魅力を感じるわけではないけど、そこにいたら友達くらいにはなってもいいかな、というタイプですね。

小谷野　私はもう七里結界で逃げ出しますね。

小池　でも、もともとブランチがそういう女だった。スタンリーがブランチの狂気の原因を作ったわけじゃないんだけれど、追い込んで最後の加速をつけて、背中をひと押しした。

小谷野　アンドレア・ドウォーキン（＊2）というアメリカのフェミニストが、『インターコース』という本を書いたんですが、スタンリーの例を出して、文藝評論的にすべてのセックスはレイプであるという主張をしたんです。それはおかしいんです。スタンリーはスタンリーであって、男がすべてスタンリーじゃないですからね。それに対して吉澤夏子（＊3）という立教大学の教授で、大澤真幸の奥さんだった人が、スタンリーとステラの間には愛のある可能性がある、って反論したんです。だから、なんだこの人達のスタンリーへの思い入れは、と思うんです。つまり何もそれに反論するためにスタンリーを持ち出さなくたっていいのに。だから吉澤夏子はスタンリーが好きなんです。

小池　スタンリーを好きだっていうのにはすごく戸惑いがあって、そこはなかなか好きだって言い切るほど踏み込めないですね。

小谷野　そりゃそうです。だから「惹かれる」とかね。

小池　惹かれるというのはわかります。すべてのセックスはレイプであるって、私も基本的に挿入っていう行為はそうだと思う。だって境界を踏み越えて入ってくるわけですからね。その時点で領界を犯しているんですから。だけどそこに、愛みたいなものを重ねることで、ぼやかされている。私はスタンリーとステラの間に愛のようなものがあるとは言えると思うけれど、愛なんて別に定義できないからね。明言できないけど、ステラはスタンリーの領域に組み込まれていて、肉体的に支配されているわけだから。

小谷野　私は、博愛とか分け隔てのないのが愛ではないかと。

小池　すごく崇高な愛をおっしゃってる。

小谷野　定義上の問題なんです。キリスト教的にはそうでしょう？　男女間の愛というのは分け隔てをするものじゃないですか。あなたを選んで他の人は排除する。だからこれは愛じゃない。だから「恋情」と言うべきだと思う。

小池　そうね（笑）。それはすごく正確だと思う。

小谷野　結局、まず西洋人がloveという言葉を間違えちゃった。loveはセックスの意味も持っているわけですからね。

小池　騎士的な愛というのはどうなんですか？　肉体は伴わなくても、捧げる愛もあったんじゃないですか？

小谷野　あれは変態。

小池　（笑）。

小谷野　あれはただの流行った様式なんです。だから西洋人がラブとかアムールとか言ってるのは西洋人が間違えた、ごまかしたんです。それを日本人が輸入しちゃった。

小池　信仰を持つ西洋人が、性欲に支配される恋愛とそれに続く結婚を矛盾なく行うためには、どこかでごまかさなければいられないとは思います。

小谷野　日本人には西洋人は論理的と思っている人がいるけど全然論理的じゃないです。西洋人はいいかげんなんです。

小池　すべて説明できるはずもないのに、言葉で言い訳し説明しようとする程度には、いいかげんであると言えるかもしれませんね。

ブランチの狂気

小谷野　姉妹については、私は弟はいるけれども姉妹ではないからわからない。

小池　この作品を読んで、姉妹の亀裂というか、姉妹というのは、おかしくなる要素をはらんでるんじゃないかなって思いました。うちも完全に対照的なおかしな姉妹だし、姉妹というのは、けっこう危ないものだと思う。兄弟より狂いそうな気がしました。姉妹に男がからむといっそう、拍車がかかるのかな。

小谷野　確かにそれは外形的に説明されればなるほどと思うんだけど、だからといってこの戯曲が面白くはならないですね。まず夫が同性愛者であったり、その後、生徒とやっちゃってニューオリアンズにやってきて同居するとか、ブランチはいろいろゴテゴテくっつきすぎている。

小池　だからもともと要素があったんだと思うけど、要するに多情。それが病的なまでに、セックス依存症というところまでいってるのかもしれない。

小谷野　ブランチはまだ三十歳ぐらいですか？　あれもおかしいんです。暗いところでしか見ていないまま求婚して、明るいところで見るとどうも年をとっているという。そんないいかげんなことで結婚しようと思うなよ、と私は思っちゃうんです。

小池　劇だからいいんですかね。

小谷野　前に婚活してた時に、絶対に年齢を言わない女の人がいたんです。プロフィールには三十三と書いてあったんですが、会ったらどう考えても三十三歳に見えない。美人なんですが、三回くらい会っても、年齢を言わないんです。もしかして四十五くらい？　と思っていたところ、ある時、私が竹下景子さんが好きだと言ったら、「あの……竹下景子っていくつですか？」と聞くので「五十三です」と言いました。そうしたら「実は私、五十三なんです」って。

小池　うわあ。

小谷野　それで、お尻からゾゾゾゾゾッて寒気が上がってきて、むこうもそれを察知したんでしょう。「って言ったらどうします？」と言ってごまかした。今にして思うと、ああ五十三だったんだって思いますね。当時、私は四十二くらいでした。

小池　面白い話ね。

小谷野　いや、怖いなと思いました。でも、五十三なのに四十代で通じる人はいますからね。

小池　でもその人は三十代って書いたんだ。二十もサバを読むなんてすごいな。

小谷野　でも結局、なんで私と会ってるんだかわからないんですよ。食べたりしたもののお代は私が払ってるわけだから、まるで食い逃げされてるみたいでもあり、とうとう三回目に会ったあとで返事をしなくなりました。

小池　ブランチと重なります？

小谷野　ブランチはヴィヴィアン・リーが演じたわけだけれど、ブランチは変すぎるんですよ。もうちょっと「変」度を低めてくれれば、私にもわかったかもしれないですけれど。

小池　私は五十代ですが、ブランチの「変」度は私には全然変じゃない。これが三十、四十代だったら、「ちょっと行き過ぎてない？　この人」「もう病院に行って当然だわ」と思ったかもしれないけど、女の狂い方って怖いんですよ。私はこの前、高橋睦郎《むつお》氏にある会合で会った時に、女の五十代、六十代は怖いですよ、と言われたんです。ハッとしました。あの人は男なのにそういうことがわかる。怖いですね。女の狂気を察知する能力があるのかもしれない。私にはブランチの狂気はリアルです。

小谷野　私も今まで頭のおかしい女の人はずいぶん知っているんですが、ブランチっぽいのもいましたね。

小池　そうでしょう。あと、ブランチはアル中も入ってる。小谷野さんのまわりにもそういう狂気をはらんだ女性がいっぱいいうようよしてるってことですか？

小谷野　そうです。婚活すると頭のおかしいのに会いますよ。

小池　結婚というものが人を狂わすのでしょうか。
小谷野　いや、そうではなくて、男と会ってすぐセックスしちゃいたいと思っているような女の人はやっぱり狂気が強いんです。前にヒルトンホテルでも怖い思いをしました。四十歳の子供のいる女で、やばい、これはちょっとおかしいと思って翌日早く帰ろうと思っていると、「私の何がいけなかったの？」と言って泣き出した。彼女はドラマが好きなんですが、後ろを向いて泣いているんです。それで、私が帰ろうとすると、小声で「行って……」と。
小池　演じている。
小谷野　仕草がもう演劇になっている。
小池　小谷野さんのほうにも、何かそういうのを呼ぶ要素があるんでしょうね。人のこと言えませんよ。あなた自身にそういう狂気を呼び込むものがあるから寄って来るわけで、すべて関係は相対的なものですからね（笑）。
小谷野　だからうちの妻には「キチガイマグネット」と言われている。
小池　（笑）。素晴らしいネーミングだわ。さすが奥様のセンス。
小谷野　男でもそういうのが来る率が高いです。この人ならわかってくれると思うんですかね。
小池　それはすごくあると思いますよ。
小谷野　あと、前にすごい美人に青山辺のバーに誘い込まれたことがあるんです。彼女が三十二で私が四十二くらいかな。
小池　いい感じの年齢じゃないですか。

小谷野　でもやっぱりちょっとおかしいんです。この間まで付き合ってた人がいたが、結婚しなかったというから、「いくつの人？」と聞いたら「同い年です」と言うんです。どういう意味だと思います？

小池　小谷野さんと同じ年？　それとも自分と同じ年って意味？

小谷野　私と同じ年なんですよ。そんな時に同じ年って言われたらドキッとするじゃないですか。でも結果的に何が起きたかというと、修理に出している自動車を引き取る金がない、二十六万円がないと言うんです。

小池　それを出してほしいと言われたの？

小谷野　そうは言わないんです。だから「出しましょうか？」と言ったら、その時はまわりに人がいたせいか「出してください」とは言わなかったんですが、翌日、携帯メールが来て「やっぱりちょっと出してください」と。それで出しちゃったんです。ところが、借用書も書かない。半年経って強硬に出たら金はない、と。ただしカードで返せるから、本を二十六万円分買って返しますというんです。

小池　うわー、面白い！

小谷野　結局、まったく返ってこないよりはいいと思って、日本国語大辞典と、その他、どしゃどしゃと本がどんどん届く。だからうちにある日本国語大辞典はその時のものです。実はその女の父親は大学教授なんです。それを聞いていたから少し安心して貸したっていうのもありました。ところがその父親に手紙を書いたら、両親はもう離婚してたんです。そのお父さんには既に後妻がいて、あの娘は金銭感覚がルーズで……とか言い出す。なんか暗い世界だなあ、って。

小池　いろんなことがあるんですね。本当、狂気をマグネットのように吸い寄せて生きている（笑）。大変ね。

小谷野　（笑）。

小池　そういう小谷野さんに『欲望という名の電車』の狂気はダメなんですね。ブランチの狂気がだめなんですか。それとも、何かもっと構造的なところでつまらないですか？

小谷野　なんか違うんですよね。たとえばこの文庫の背表紙の解説に、スタンリーとステラが新しいアメリカだとか書いてないですか？

小池　「新しいアメリカの生だった」って書いてありますね。そんなことは別に私も思いませんけどね。

小谷野　それがどうも私にはわからないですね。まず私は家が没落する話に冷淡なんです。そんな、立派な家に生まれてないので。

小池　確かにこの作品は『グレート・ギャツビー』と一緒で、階級を扱ってますよね。南部の大地主のお嬢さんだったステラとブランチが全部失ってしまう。私は現実としてはわからないですけど、確かに全部なくなっちゃったらそうとうおかしくなっちゃうのはわかります。それで身を持ち崩すのはわりとある話ですね。

小谷野　ウィリアムズは他には読みましたか？

小池　昔も今回も、セットで『ガラスの動物園』を読みました。
小谷野　ウィリアムズのお姉さんがやっぱり狂気だったんですよね。それを悼んで書いたのが、『The Glass Menagerie（ガラスの動物園）』。動物園というけど、本当は家の中にある小さなメナジェリー（動物園）です。私の後輩の舌津《ぜっつ》智之（*4）というのが立教大学の教授なんですけど、テネシー・ウィリアムズが好きでテキサスに行ってテネシー・ウィリアムズで博士号をとってきた。あの男はものすごく叙情の好きな人間ですから。
小池　テネシー・ウィリアムズは詩を書いていたんじゃないかしら?
小谷野　確かに詩を書きそうな人ではありますね。
小池　回想録で詩集を初期に作ったと読んだ記憶があります。根っこにはすごく繊細でセンチメンタルなものがあるかも。
小谷野　特に女の狂気というのはわりに感傷的な対象になるんです。村上春樹なんか特にそれが強いです。
小池　ああ言えてる。ちょっとおかしい女を扱ってますね、確かに。
小谷野　私の場合、女の狂気は恐怖の体験なんだけど、人によっては狂気の上に死んでしまったというセンチメンタルになる。
小池　ようやく見えた。そこが小谷野さんと村上春樹の分岐点だね。小谷野さんの場合、女の狂気は単なる恐怖の対象。
小谷野　単なるではないですが（笑）。

小池　だから私、若い頃に『ガラスの動物園』を読んだ時は、本当にキラキラしたようなセンチメント的なところに反応したような気がするんです。

小谷野　二〇〇〇年くらいに、ベニサン・ピットで『ガラスの動物園』を上演した時に観に行ったんです。それは「シアターアーツ」という雑誌の企画で行ったんですが、すごくセンチメンタルで、これはダメだなと。最初に二十歳くらいで読んだ時は、ああいいなと思ったんですけどね。

小池　ただ、こんなに早く読めるのは驚きでした。もともと戯曲って文字数が少ないから早く読めるんだけど、テネシー・ウィリアムズってひっかかるところがないくらい水っぽいですね。作品としてわかりにくいところがない。そこが感傷的な要素にも容易につながるのかな。

小谷野　『去年の夏　突然に』というのがあるんですが、エリザベス・テイラーとキャサリン・ヘップバーンで映画化もされた。あれはいいんです。青年が死んでしまったってところから話が始まって、要するに福音書と同じで、西洋の文学には死んでしまった人間のことを語るという構造が伝統的にあるんです。『グレート・ギャツビー』もそうです。その男がガラパゴスの海辺である情景を見る。ウミガメって卵を産むでしょ？　卵が孵《かえ》ると海へ向かって歩き出すでしょ？　その時にカモメが襲って来て食われちゃう。その情景を見た男が恐怖に襲われて、おかしくなっていく。それで最後、音楽を奏でながら歩いていく少年達のあとをついていって、その男も食べられちゃう。私はキャサリン・ヘップバーンが好きなので、あれは非常にいいと思いました。

小池　キャサリン・ヘップバーンは私も好きです。小谷野さんの説明がうまいせいかすごくリアルにその映像が見えてきました。

小谷野　だから私はどちらかというと『欲望という名の電車』よりも『去年の夏 突然に』のほうがいいと思います。あと、テネシー・ウィリアムズには『ストーン夫人のローマの春』という作品もあって、『ローマの哀愁』という題で映画化されている。ホセ・キンテーロが監督していますが、あれはなんだかちょっとわからなかった。

小池　感傷性というのを横に置いておけば、テネシー・ウィリアムズってイメージが詩的じゃないですか？　タイトルもいいじゃないですか。『欲望という名の電車』はもともとそういう名前の電車があったみたいだけど、『ガラスの動物園』とかもいい。今おっしゃったウミガメの卵をカモメが食べちゃうというのも、海辺は命が生誕したり死んでいったり、ある意味、際《きわ》にある独特の空間だから、その海辺で何かが起こるというのはそれだけでも私達のイメージが誘われていくところがある。

小谷野　ウィリアムズは回想録によると、人間の思考というのはすごく複雑だということに気付いて頭が狂いそうになったと書いてある。考えると、ＤＮＡとか怖いです。二重らせんとかもショックですよね。

小池　二重らせんになってると聞いても、すごい拡大鏡で見るからわかるわけで、私達は見えないし、わからないでしょ？　どんなふうに身体の中に組み込まれてるのかなと思いますよね。

小谷野　ひとつひとつの細胞に入っているわけだから、あれも考えると恐ろしいです。

小池　恐ろしいよね。ひとつひとつの細胞でＤＮＡが記憶とかいろんなものと複雑に絡み合って私という人間ができあがっているんだからね。文学作品も、若い頃に読んで年を経てもう一回読んで、読むのはせいぜい二、三回だけど、もっと読んだらもっと違う読みかたもできるでしょうね。

いろんな形の夫婦

小谷野　ブランチはヴィヴィアン・リーよりも、杉村春子（＊5）のイメージのほうが強いです。
小池　杉村春子は何歳までブランチを演じたんだろう。七十歳、八十歳までやってたのかしら。
小谷野　彼女は七十歳まで月経があったみたいですね。
小池　そういう人、本当にいるんですよ。
小谷野　北村和夫は杉村春子が好きで好きで苦しんでいた。杉村春子はちょっと演劇界の奇蹟ですよね。
小池　ブランチをやる杉村春子というのは、相乗効果で、ブランチの中に杉村春子が入っちゃうし、杉村春子の中にブランチの狂気が入っちゃう。
小谷野　ただし三十歳くらいの美人には見えないですけどね。
小池　見えませんね。
小谷野　本当に杉村春子は恐ろしいですよね。『女の一生』なんか十六歳ぐらいを演じてますからね。

小池　大女優かもしれませんが、そういうところには少しついていけません。ただブランチの狂気にはぴったりだと思います。

小谷野　私はアメリカ文学はだいたいひと通り読んで、十九世紀のほうがやっぱり好きなんです。アメリカに限らずどこの国でもだいたい十九世紀が私は好きなんですが、アメリカ文学の二十世紀のものというのはなんと暴力が多いのか、と思うんです。フォークナーもそうなんだけど。

小池　暴力がテーマになってくるんですね。

小谷野　日本でも暴力映画が好きな人が多いですからね。

小池　私も観ますよ。北野武のだって暴力がすごいじゃないですか。

小谷野　だから私は北野武の映画が嫌いなんです。

小池　あ、そうなんですか。ダメですか。

小谷野　ダメです。私自身が人を殴ったことがないですし。

小池　私ももちろんないですけど、何か潜在意識にそういう志向があるのかしら。コーエン兄弟とかね、激しい暴力が出てくる映画にでも、好きな作品がありますよ。

小谷野　私はガンダムとか、機械や怪獣だったらいいんです。人間同士だと本当に生々しいので嫌なんです。私の妻は「小谷野さんがイライラして当たったりしませんか？」と聞かれるらしく、中には「どんなふうに当たるんですか？」と聞く人もいるようなんです。

小池　（笑）。

小谷野　当たる前提で（笑）。それで妻は「そんなことありません」と言うんですが、本当にそういうことは私は考えられないですね。
小池　暴力はもちろんありえないでしょうけどね。じゃ、すごく平和な結婚生活なんですね。波風がなるべく立たないように暮らしてらっしゃる？
小谷野　それはちょっと違う（笑）。私の妻は私と同じようなことを考えるんです。自分がもうひとりいるみたいに。二十一歳下なんですけどね。
小池　そんなに違うんですか？　じゃあ、全然喧嘩にならないね。
小谷野　「この小説面白くないんだけど、君、面白い？」と聞くと、私が面白くない小説はたいてい彼女も面白くないんですよ。
小池　本当に融合しているのね。感覚が似ているんだ。似ているどころじゃないのね。
小谷野　それで結婚したんだと思うんです。
小池　一種の精神的楽園ね。私なんて地獄ですもん。夫の感覚は私と全然、違うんです。完全なる他者なんですよ。だから本当、うちは大変ですよ。ただ、私もある時から考えを変えて、私だけで世界が成り立たないほうが広がりが出てよかったのかなと思うようにしています。詩をやっているとひとつの世界に入っちゃって、他者を排除するようなところに私自身が行く傾向があるから、結婚というものによって広がりが生まれたんだと。壮絶なバトルを繰り返すような生活であってもそのことによって自分が広がるからいいかなと思っているんです。だから暴力とか批判とかアンチテーゼというものへの許容範囲は、私は広いかも。

小谷野　私には他人の結婚生活というのは想像できないですね。

小池　若い時は本当に戦いながら生活してきました。でもさすがにこの年になると、ああ、こういう人なんだなって根っこからわかるようになりました。私の場合は、だから喧嘩をしないとその人がわからないんです。小谷野さんのような夫婦は、奇蹟のように思えるわ。

小谷野　私の周囲の女性で学者になった人は、すごく未婚率が高いんです。そういう時代だった、というのもある。

小池　それはある意味では当然だと思います。だって学者の世界ってひとつの専門にぐーっと入っていくでしょ？　結婚生活はむしろその反対です。ばーっと拡散し、あれもやらなきゃ、これもやらなきゃ、親戚のあの人にお歳暮贈らなきゃとかね。神経の使い方が、まったく正反対ですもの。そんな真逆の、神経を切り裂かれるようなことを往復させられたら、多くの人はおかしくなるに決まってる。狂気の世界に入っていきますよ。だから、どちらかを選ぶというほうが賢明ですよ。

小谷野　ただ、私は六二年生まれでそのあたりは一番未婚率が高いと思いますが、そのあとはわりあいなんとなく結婚できている。

小池　そうね、若い人はけっこう学者でも結婚してますよね。

小谷野　もうひとつは、学者の場合は勤務地が離れちゃう。

小池　夫婦にはいろんな形がありますけど学者の夫婦っていうのも大変ですね。みんな欲望という名のいろいろな電車に乗っているんですよ。

小谷野　バンクーバーはバスが走っているんです。トラムウェイで上から電気を取って。あれはなんだか変てこでした。時々外れちゃったりするんですが、そうするともう直らないので降りるしかない。降りて別のバスを待つしかない。

小池　トラムというのはちょっと不思議な光景ですよね。オーストラリアに行った時も、メルボルンにそういうのが走っていたな。昭和の頃は門前仲町にも都電が走っていました。あれも独特の風景を作りますからね。懐かしいな。

ブランチはレイプされたか

小谷野　ブランチは傘を差してやって来るんですよね。

小池　それはお嬢様という階級を表していたんじゃないですか。

小谷野　ブランチというのは、とにかく非常にセックスがしたい人なんです。

小池　ええ、したい人だったと思いますよ。それが何かで蓋が開いちゃったんでしょうね。昔はそうじゃなかったのかもしれないけど。だってブランチってスタンリーに犯されたように書いてあるけど、自分から誘ってるじゃないですか。誘ってニコッと笑ったり、どう見てもブランチが誘ってスタンリーに火を付けて、スタンリーも挑みかかっちゃった。ブランチはみんなを誘っているんですね。

小谷野　でもそれで気が狂っちゃうんです。

小池　そうね。

小谷野　私、強姦というのは、当たり前だけど、できないですね。あれはよっぽど女を別の生き物だと思ってないとできないですよ。殺人だってそうです。スタンリーが強姦でないとしたら……しかしそれは微妙だな。

小池　スタンリーはちょっと手首をひねったぐらいで相手をくみしくことができる男だから、強姦という形になっちゃうんだけど、相手がブランチの場合、どうなんだろうな。

小谷野　私はそういう時にコンドームをつけなくちゃとか、そういうことを考える人間なので、強姦はできないです。

小池　そりゃそうですよ。だからスタンリーもブランチも、どっちもどっちというところがあるんでしょうか。

小谷野　私はSMとかいうのもよくわからない。

小池　小谷野さんてすごく、ある意味でまっとうなのね。

小谷野　ある意味、じゃなくて、まっとうなんです。

小池　(笑)。

小谷野　だからもしかしたら財務省の福田淳一前事務次官みたいな人が普通の男なんじゃないですか？　たぶん普通の男というのは、ああいう地位を得たら、ああいうことをするもんなんです。私みたいなのが変わってるんです。

小池　地位を得たら、なんでもしていいというふうになっちゃうの？　腐ってるわ。

小谷野　それは人間の進化がまだ足りないというだけなのです。横田由美子という財務省を取材していたジャーナリストが「お前は絶対結婚できない」とか「お前のような凶暴な女をなんでよこしたんだ」と言われたと書いていたんですが、官僚の男なんてそうだろうと思いますよ。私は男子校に行ったんですが、男子校というのは法で禁止してほしいくらいです。十五歳から十八歳まで女のいない環境で生きるんです。悲惨ですよ。そんな麻布とか灘から東大に行ったら、絶対に歪んだ人間ができる。

小池　それは私もそう思ってる。日本の官僚への道筋の中におかしくなる要素がいっぱいあるんだろうなって。

小谷野　日本だけかな。だってクリントンとかもそうじゃないですか。私はなんで民主党がエッチな夫を持っているクリントン夫人を候補にして勝てると思ったのか謎なんです。だってアメリカ人って一応ピューリタンじゃないですか。エッチな夫を持ってるやつというふうに普通は見るでしょ？

小池　まあ、そうですね。

小谷野　だからやっぱり負けちゃったけど。

小池　それが原因で負けたのでしょうか。

小谷野　私はクリントン夫人はクリントンの妻というだけでイメージ悪いですね。

小池　でもそのクリントンを操縦した妻という。

小谷野　操縦しきれてないじゃないですか（笑）。

小池　じゃあ、許した妻。
小谷野　許しちゃダメですよ。あれで別れておけばまだよかったんですけどね。これは日本的な感覚かもしれません。
小池　そうかしらね。あれは別れなかったというので支持されたような気もするけどね。

真実なんて大嫌い

小谷野　戯曲といえば、イプセンの『人形の家』だけはわかるんだけれども、他の戯曲がわからない。たとえば『幽霊』とか『野鴨』とか梅毒の話でしょう？　現代人で梅毒の恐怖に怯えている人って、いるでしょうけども、そんなにはいないですよね。だから、イプセンを読んでわかります？
小池　『野鴨』は、昔読みましたよ。わかるか、わからないかと言われたらどうだろう。でも『人形の家』はあまりにも思想的に読まれすぎてつまらないと思いますね。
小谷野　わかりやすいとは思うんです。でも『野鴨』や『幽霊』になると何この人達は変な雰囲気を作り出しているのだろう？　という気がする。あと『ヘッダ・ガブラー』も変な戯曲でした。
小池　小谷野さんは演劇評論家の目でいっぱい戯曲を読んだのね。
小谷野　実際イプセンはあまり上演されないですよね。日本では。

小池　あまり聞かないですね。でも『欲望という名の電車』はまだ可能性ないですか？　演劇を見たら面白いと思いませんか？

小谷野　ブランチを誰が演じるかですね。

小池　そこがすごく大きなところですよね。もう杉村春子のイメージを払拭するような、新しいブランチとスタンリーが出てきていいんじゃないですか。誰がやったらいいかな。

小谷野　ただ、ミッチが暗いところで見てたっていう、あれはすごくバカっぽいんですよ。

小池　そうですか？　でも女の感覚としてありますよ。ぼんやりと暗いところだと落ち着いていられる。

小谷野　そのまま年齢を偽って結婚しちゃおうという？

小池　確かに昼間を知らないで結婚しちゃおうというのはバカっぽいんだけど、そんなに現実に即して読まなくてもいいんじゃないですか？

小谷野　昼間昼間っていうけど、源氏物語の世界なら、暗い中でセックスしてあとで顔を見て……というのがありますけどね。

小池　それを私は思い浮かべちゃった。源氏物語みたいだなって。でもあの暗い中というのは、年をとった女の人の一種の理想的なシチュエーションだと思います。光って何もかもを暴くじゃない。ブランチも言ってるじゃないですか。真実なんて大嫌い。真実なんていらないのよ！

小谷野　（笑）。

小池　でも、テネシー・ウィリアムズはよくそんな女の気持をわかりますね。お姉さんと同化してたのかな。

小谷野　『欲望という名の電車』は南部ですが、黒人は出てきました？

小池　ちょっと脇役の通りがかりで黒人女は出てきましたね。

小谷野　ニューオリアンズだからあんまりいないのかな。

小池　町の人として、黒人女とかメキシコ女とか、名前も付けられていないかたちで出てくるのね。

小谷野　南部なら私は『風と共に去りぬ』が非常に好きなんです。あれはちゃんと黒人も出てきますね。

演劇の爆発

小谷野　大正時代に久米正雄とか菊池寛とかが戯曲を書いて、新劇のはじまりはだいたいあのへんになっているんですが、今は上演されないですね。菊池寛はまだ『父帰る』とかがあるんだけど、久米正雄は全然ないですね。『牛乳屋の兄弟』とかね。

小池　どうですか？　今、上演したら面白いですか？

小谷野　いや、面白くないですね。いわゆる近代劇というのは、非常に繊細な感覚を表現しようとしているんです。それは時代がずれたり地域がずれたりすると、もうわからなくなっていく。

だからチェーホフの戯曲なんかも私はよくわからないですね。『かもめ』とか。

小池　私もチェーホフの戯曲はよくわからないところがあるな。

小谷野　特に『桜の園』は、私の場合、没落した貴族のことなんか知ったことか、となっちゃう。太宰治の『斜陽』もそうです。『斜陽』は、実は最初の一頁だけがいいんですよ。「スウプに何か、イヤなものでも入っていたのかしら」というところでオーッとなっちゃってあとはつまらないんです。だからあれはリヒャルト・シュトラウスの『ツァラトゥストラはかく語りき』みたいなもので、最初だけがいいんです。

小池　太宰の『斜陽』は全編好きでした。今の日本に経済格差はあっても、階級差をあからさまには感じません。階級という見えないものを薄い布のようにして介在させて書くというのは難しいでしょうが、読むほうは好奇心をかきたてられます。『グレート・ギャツビー』はまさにそうですね。

小谷野　文学史には、福田恆存の『キティ颱風』とか『龍を撫でた男』という戯曲が載っているんだけど、わけがわからないんですよ。他にもいわゆる近代戯曲の代表作になっているものは、久保栄『火山灰地』とかだいたい読みました。

小池　知らない。

小谷野　でしょ？　『五稜郭血書』とか『何が彼女をそうさせたか』とか、今ではまず読めない。読んでもわけがわからない。そういうのばっかりなんです。

小池　そんなにわからなくなっちゃってますか。

小谷野　わからないというか、すたれたというか、時代がもう違っちゃったというか。だから戯曲というのはシェイクスピアだけはすごい普遍性があるんだけど、モリエールも日本では盛り上がらない。『フィガロの結婚』だけはモーツァルトが曲をつけたのでいいですけどね。

小池　あれは楽しいですよね。オペラとして観る分には。

小谷野　私はボーマルシェが非常に好きなんです。ボーマルシェは父親が時計職人で私と同じなので、昔から親近感を抱いている。私の若い頃は八〇年代の小劇場ブームで、だから演劇とか歌舞伎とかいろんなのを観に行ってました。そんなに金はないから月に一回くらいですけどね。大阪にいた時も演劇はけっこう観に行ってたんですが、今世紀になってだんだんもうだめだとなってきた。

小池　何がダメなの？

小谷野　衰退しているんですよ。

小池　演劇そのものが？

小谷野　そうですよ。昔は、岸田國士戯曲賞を取ると次代を担うべき作家という感じになったんですが、当時はまず公刊された戯曲の中から選ばれていた。だけど十数年前から戯曲を公刊するところがなくなっちゃって、だから上演台本で選んで岸田戯曲賞を取ると白水社から出ることになった。で、全然売れない。

小池　売れないだろうなあ。

小谷野　昔はビデオが発売されたり、すごかったんですよ。今でも「イーオシバイドットコム」

という演劇DVDのオンラインショップがありますが、昔ほどには売れてないですよ。結局、観に来ているのは関係者ばかりで。うちの妻はわりあい時々観に行ったりしているんですけど、今はもう演劇は全然ダメだと言ってます。私は七～八年前にいくつか観に行っているうちにどんどん興味を失っていった。

小池　数年前、民藝がベートーベンの曲にちなんだ戯曲を上演して、そのパンフレットに寄稿したんです。私が音楽が好きだということで、何か書いてくださいと頼まれて。それはとてもよくできたお芝居で面白かったんです。それ以来、度々観に行くんですけど、新劇の観客層は、クラシック音楽と同じで、年齢層が高いですね。

小谷野　歌舞伎を見に行っても老人が多いです。十年くらい前、指輪ホテルという劇団にトークをしてくれと言われて行って、そのあとも誘われたんだけど、結局行かず終いですね。昔、ロナルド・ハーウッドという劇作家が、演劇の爆発というのは、ひとつの国で一回しか起こらないと言っていた。たとえばギリシャなら古代ギリシャ、フランスならばモリエール時代、というふうに一回しか起こらない。ただし、英国では二回起こった。シェイクスピアと、近代のバーナード・ショーなどの時代。

小池　日本は？　日本も近代ですか？

小谷野　日本はちょっと微妙ですね。

小池　歌舞伎もあるし。

小谷野　日本の近代劇は失敗だったと私は思っているんです。結局、歌舞伎のような広がりを持てなかったですね。歌舞伎も今、ダメですからね。

小池　爆発的に人の心をひきつけるっていうのは難しいね。

小谷野　今は映画のほうがよっぽど面白い。

小池　なるほど。映画は私も観に行きます。

小谷野　だから私はもう演劇から映画へ移ってしまったかもしれない。しょっちゅうDVDで映画を観てますよ。映画はDVDで観たほうがよっぽど安いのに、みんな映画館に観にいくじゃないですか。つまりファッションとしてなんですよ。あれはおかしいです。私は煙草をやめてから、外出ができなくなっちゃった。意欲がわかない。

小池　外に行って吸えないと思うとそうなっちゃうの？

小谷野　たとえば電車に乗っていて、昔だったら降りれば吸えると思えた。でも今は降りても吸えないでしょ？　そうするともう電車に乗る気を失っちゃうんです。

小池　生きるの大変ですね。

小谷野　大変ですよ。だから果たしてこれは終るのかなという疑問があります。小澤英実さんは十年吸って、やめて一年間苦しかったと言っていて、柄谷行人は四十代の頃にやめようとして七ヶ月で挫折したと言ってるんです。やっぱりそれくらいかかるんです。世間で売られている禁煙セラピーみたいな本は、いかに禁断症状が長く続くか、そこが書いてない。だから私がもし禁煙に成功したら書きます。いかに禁断症状が長く続いて、それがとんでもなく苦しいかと。やめて一ヶ月くらいは、苦しくても今おれは煙草をやめつつあるんだ、とちょっとヒロイックな気分になっていいんですが、そのあとが大変なんです。今、煙草を吸ってない状態で大学で教えるのも初めてなので、ものすごいストレスです。つまり、たいていは始まる前に吸って、終ってから吸ってたのが、どっちもできなくなるでしょう。ものすごく苦しい。

小池　煙草で何か区切り目を付けたい感じですか？

小谷野　要するに、それなりに教えている時はストレスフルだから終った時に、「ああ、終った！」とスパーッとやりたい。

小池　わかりますよ。私はお酒もそんなに飲めないし、どうしたらいいんだろうって時々思いますもん。発狂したくなっちゃう、本当。

小谷野　私も酒を飲まないですからね。酒は夕方五時過ぎたら飲みたくなる人はアル中ですよ。私はけっこうアル中を見抜くことができるようになりました。

小池　本当に⁉

小谷野　私は若い頃テレビゲーム中毒だったんです。ゲームセンターに行くと、途中で足が速まったんです。

小池　わかりやすい。

小谷野　アル中の人が居酒屋へ向かう時って同じなんですよ。早く飲みたくて足が速まる。

小池　前のめりになっているんでしょうね。なんかかわいそうになっちゃうね。

小谷野　しかし驚いたのが、テレビゲーム中毒がパタッとやんだことです。それは大阪大学に就職した時にやんだんです。だから就職に関係あるのかないのか、単に時期が来たからなのか。

ギャツビーは幻滅したか？

小池　『グレート・ギャツビー』もダメですか？

小谷野　ダメですね。私は若い頃は『グレート・ギャツビー』の、好きな女の人をずっと思っていたってところだけに注目して、いいんじゃないかなと思ってたんです。ところが、ギャツビーがデイジーと会って、ちょっと幻滅したようなことを言いますよね。

小池　デイジーに幻滅？

小谷野　あれは金でできている女だ、と。

小池　ああ、言いましたね。有名なセリフですね。あれは私は幻滅の意味にはとらなかったですね。要するにギャツビーにとっては、金というものがそもそもシンプルな富とか豊かなもの、何か大事なものなんでしょう？　それを体現している女がデイジーで、彼女はゴージャスなんです。そこはすごく単純で、それがギャツビーの悲しさでもあるのですが。

小谷野　私は非常に通俗的に、幻滅だと思ったわけです。

小池　それは本当に小谷野さんてまっとうな人だと思います。日本のように貧しく美しく、清貧という思想がある国に生きていると、お金に対してどう踏み出したらいいのか、ちょっと困るところがないですか？　ギャツビーみたいに荒稼ぎするような人をどう思ったらいいのか。だってお金ってまっとうな正しいことをして普通に生きていたら、巨額の富はいきなりは得られないでしょう？　偶然か、ものすごいあくどいことをしない限り。
小谷野　私は巨大な富は欲しくないんです。犬の飼える一戸建ての家が欲しいとだけ思うんですよ。
小池　かわいい（笑）。犬の飼える一戸建てって小谷野さんが言うと本当にかわいらしくて素敵ですよ。私もそういう人いいなと思う。だけどギャツビーが欲しいのは犬の飼える小さな一戸建てじゃないのよね。「僕」の大好きなお金、そのお金でできているような女、それがデイジーであり、そのデイジーが欲しかったということ、あ、順番が違うか。デイジーが欲しいからお金を求めたのか。とにかく哀れを覚えます。
小谷野　キリスト教にも「貧しき者は幸いなり」というのがありますね。
小池　本当ね。
小谷野　大学時代、授業でヘンリー・ジェイムズの『ロデリック・ハドソン』を読んだんです。私の好きだった女性は、『ロデリック・ハドソン』の古い版を持っていて、授業で使っている版とは違ってたんです。なのに、彼女は図書館から何度も新しい版を借り出して使ってたんですよ。当時は貸し出しカードというのがあって、それを見ると彼女の名前がいくつも書いてある。ああ、なんて質素な人なんだと、それで惚れ直しちゃった。それくらい質素な人が好きなんです。
小池　なるほど（笑）。美しいお話です。質素は美徳。
小谷野　着てる服もいかにもお母さんのお下がりという感じで。

小池　そこにも惚れちゃったんですか（笑）。

小谷野　だからギャツビーと私の懸隔は激しいです。

小池　「僕」の視点からも、ギャツビーについてこんな嫌な男はいないというようなことが書いてありますね。あくどくて、いやらしい、下品、いかがわしい、人を殺したことがあるような、こんな人を誰が好きになりますか？　目の前にいたら見下すだけですよね。だけど私、こんな人が主人公になるんだ⁉　と驚き、それを面白く思ったの。しかも、今までピンクのスーツを着る男がもし目の前にいたら、「何この男⁉」と瞬殺していたこの私が、「あ、間違っていたかもしれない」と『ギャツビー』を読んで思ったの。いや、ピンクのスーツを着ている男にもいいところがある、と。

小谷野　さっきのスタンリーと同じじゃないですか（笑）。

小池　私の読み方はそうでしたよ。ピンクのスーツを着て、ピンクのネクタイを締めていても、それだけで判断するのはおかしい。お金は必要なものですが、お金を持っている男を、私は敬遠するところがあったんです。嫌なんですよ。近づかない。なぜだろう。お金を持っている男とか、才能のある男は、友達としてはいいんですけど、結婚しようとは思わないんです。つぶされそうな気がしてね。だからギャツビーみたいにお金まみれの男が来たら、普通は用心しますよ。絶対に関係を結ぼうと思わない。だけど、そういう愚の骨頂のような俗人の中に、かすかな真水を見出したフィッツジェラルドはいいなと思ったの。

小谷野　それ、第一回の三島の時と同じじゃないですか（笑）。小池さんのパターンが見えて来た（笑）。

小池　パターンと言われてもいいの（笑）。この本は面白い。大好きです。何度も読みました。久しぶりに今回読み直しましたけど、もう一回読んだらまだ何か見つかりそうな気がする。私は絶対にデイジーにはなりようがないし、ギャツビーと付き合うこともないと思うんだけどね。しかも、トム・ブキャナンって旦那もすごく嫌な男じゃないですか。この人こそ頑強な肉体を持って、どちらかというとギャツビーよりもブキャナンのほうが嫌な男ですよ。罪を犯そうが、何をしようが、私はギャツビーを応援しますね。

小谷野　そんな（笑）。究極の選択になっている。『もてない男』が売れた二〜三年後に、女性の新聞記者がファッション雑誌を持って取材に来て、ファッショナブルな格好をしてもてようと思わないのかと私に言ったんです。別に思わないと答えると、でも女の人には要求するんですね、と言うから、別に私はそんなファッショナブルな格好の女なんか求めてないですよ、と言ったらすごくつまらなそうな顔をしていました。

小池　その人はファッションということがもてる、もてないに大きく関わると思ったのかな。

小谷野　そうですよ。だからその人は俗物なんですよ。

小池　そうですね（笑）。

小谷野　私はお母さんのお下がりみたいな、しょぼい服を着て、胸ぺちゃんこな女の子が好きなのに。でも、胸ぺちゃんこで思い出したけど、世の中には胸の大きい女が好きな人がいるんですね。

小池　そりゃいると思いますよ。あれはやっぱり豊かさですもの。

小谷野　でも『ギャツビー』の映画はデイジー役はミア・ファローだから、あまり胸が大きくないですね。

小池　そうね、ぺちゃんこな感じの人だね。

小谷野　ミア・ファローの印象もまた悪いです。

小池　そうですね。映画化されて、デイジーのイメージが固まっちゃったね。

小谷野　そのデイジーにギャツビーが幻滅したと私が書いたのに対して、いや違うと言って来た人がいて、幻滅してもなおデイジーを愛し続ける、だから悲劇なんだ、と言うんです。これはまたセンチメンタルな人が出てきたな、と。

小池　（笑）。私はギャツビーは一貫してデイジーに幻滅してないと思う。ずっとデイジーに恋焦がれて、だけどそれは幻想なんだけれど、だから悲劇というか。かわいそうなんだけれどもね。

小谷野　しかも最後に自動車事故を起すところは、また偶然でしょう。

小池　あれは私もあまりにもとは思ったけれど、全然気にならなくなってくる。それを上回る悲劇がギャツビーにはあるから。やっぱりグレートですよ。ギャツビーの悲劇がグレートなのかな。グレートって言いたくなっちゃう。

小谷野　先ほども言いましたが、これは福音書と同じで、死んだ人間について友達が語るという構造を持っている。西洋人は福音書にやっぱり弱いんですよ。

小池　それはあるかもしれないですね。

小谷野　それでまたフィッツジェラルドが私は嫌いなんです。

小池　ギャツビー的な人、ギャツビー的な暮らしをしたしね。

小谷野　ちょっと田中康夫っぽいでしょ？　『なんとなく、クリスタル』が出た時、江藤淳はこれは風刺だと言ったわけですが、実際はあれは風刺じゃなくて本人がそういう人だったわけでしょ？　江藤淳は最後までそういうふうに言ってましたね。でも結局、田中康夫はそういう人だった。

小池　風刺でなく現実に、蕩尽するような生活をする。ファッションが好きで散財して美味しいものを食べて享楽的な生活をする。それを私なんかはもちろんできないし、しないし、しようとも思わないですが、でもそれはなぜだろうと自分への疑問としてまずあって、している人を半ば非難めいたまなざしで見ることが多くの人にあるんじゃないかと思います。だけど、お金があることや、お金を使い放題使うことって、その先に何があるかは経験しないとわからないじゃないですか。これだけはお金を使ってみないとわからないですよね。想像も追いつかない世界があると思いません？

小谷野　想像したいとも思わないですね。それこそ刑務所に入りたくないのと同じで。

小池　そこが私達がギャツビーの世界に追いつかないところで、そういうふうにお金を使おうと思わないから、最初から埋められない距離があるんだけど、ギャツビーはそれをした上で、振り返って私達を見てる。少なくとも私のほうを見てる。それで、こういう生活をしたんだけど、あげくの果てにこうなったんだよ、と全部やってみてくれて、こっちを悲しい目で見てるんです。それに対して私がギャツビーを見る視線というのは、バカなことやったね、というんじゃなくて、よくやったね、あんたはバカだけど、よくがんばって生きたね、という感じなんです。

小谷野（笑）。母親みたいですね。

小池 ギャツビーの母親になってるのかな。もしかしてそうなのかもしれないけど、ギャツビーの背中をさすってやりたいんですよ。トム・ブキャナンにはまったくそのかわいげがない。

小谷野 そこでトム・ブキャナンにこだわるところがまた妙ですけどね。普通そんなこと考えないんじゃないですか？

小池 だって嫌な男ですもん。ブキャナンこそ上流階級の、それしか知らない男の嫌味を体現しているけど、ギャツビーは成り上がってきた。成り上がり者の持つかわいげっていうのは無視できませんよ。

小谷野 でもアメリカだから上流階級といっても貴族はいませんから金になっちゃうんですかね。だから私は貧しいジェントリーのジェイン・オースティンの世界が好きなんです。

小池 確かにそこはアメリカの貧しさですね。本当の貴族がいなくて、お金を持った人間が勘違いすることを許す。お金を持ってるからあの人は偉い、階級が違う、とみんなで仕立て上げ、本人達も自分達はひとつの上の階級にいるんだと思って生きていく。そもそも構造が間違っているんだけど、すべてがお金というひとつの価値、ものすごく単純な世界観でできあがっていて、だけどそこに到達できない人間達がいる。見えないそこの皮膜をフィッツジェラルドが書いていている。ここにもやっぱり感傷性がありますね。

小谷野　そりゃそうでしょう。

小池　でもそこがやっぱり人をひきつけるんじゃない？

小谷野　柳美里さんが数年前に自分は貧乏だとか、原稿料を払ってもらってないと言ってた。

小池　書いてましたね。

小谷野　だけどあの人、『命』シリーズが売れたから二億円くらい入ってるはずなんです。だからあの時、あのお金はどうしたんだ？　どうせお前が乱費したんだろう、と柳美里を非難する人がいたんです。そうすると柳さんは東由多加《ひがしゆたか》のガンの治療に何千万円も使ったんだと言って怒るんです。私は柳さんを説得しようとしたことがあるんですよ。普通の人は、昔の恋人で今、奥さんがいる人の治療に何千万円と使わないんだ、と。でも今ひとつ、あの人はわかってないんですよ。あの人は『ゴールドラッシュ』というのに書いてあるけれども、やっぱり事業をしている父親がいたから、普通の人と金銭感覚が違うんですよ。だからいまだに私は貧乏だとか言いつつ福島のほうで書店を開いてますよね。

小池　なるほど。

小谷野　つまり、たとえば事業をやっていて、借金まみれだと言いつつバンバン金を使っている人がいるんですよ。そういう人達に、いやあなた金あるでしょうと言ったら、借金まみれですと言うんです。でも違うんですよ。話がかみ合わない。

小池　だから、お金って観念なんですよね。数字になっちゃってる。一枚二枚の厚みを実感しながら、百万円だ一千万円だと言っているわけじゃないからね。数字として常にお金と付き合っていると、観念になって平気で動かせちゃうんですよね。今、百円がなくても観念の上で操作しちゃう。そして本当に振込でもなんでも、一千万、二千万と、見たわけでもないのに数字になってそこに現れてくる。だからギャッツビーの世界も計り知れない富があって、それをただ水のごとくシャンパンに変えて飲んで、結局自分のためには使ってないようなところがある。なんのためにギャッツビーはお金を稼いだんだろうと思うと、デイジーに会って、デイジーをこの屋敷に招くため、その情熱だけですよね。

小谷野　それって時間的にはとても短い。せいぜい七、八年じゃないですか？

小池　そうですね。だからそうとう悪いことをしたんじゃないですか？

小谷野　私ももし事業を起こして金儲けをするならば借金をしなければならない。でも私は借金が嫌いで住宅ローンすら組めないんです。

小池　それはすごくまっとうな人の考えですね。

小谷野　うちの両親がずっと住宅ローンを抱えて生きていたので嫌なんです。うちの妻も私の分身みたいな人だから借金が嫌いなんです。でもフィッツジェラルドもギャッツビーのように成功して、そういう享楽的な生活をする人間なわけでしょ？　酒浸りになって。

小池　でもそれは本当、短い期間じゃなかったですか？　最後はゼルダも発狂しちゃうし、本人も早死にしちゃうし。

小谷野　でもギャッツビーよりはもう少し長かったと思う。そして落ちぶれて『風と共に去りぬ』のシナリオを書いた。

小池　晩年ですか？

小谷野　最後のほうですね。『雨の朝巴里に死す』という映画があるんですが、あれが要するに酒浸りになって、金もなくなって落ちぶれたフィッツジェラルドを描いている。本当にダメなやつだなお前はという感じです。

小池　本当にダメなやつなんですよ。でも普通はお金にそういうふうに身を捧げないんだけどね。

小谷野　私はたぶん、ガートルード・スタインの周辺にいたジャズエイジの連中が嫌いなんですよ。ただ、ドス・パソスだけは好きなんです。ヘミングウェイも私は嫌いで、彼は『老人と海』を書いたからノーベル賞をもらえたんです。あれははっきりノーベル賞委員会が、『老人と海』に対して、と書いている。だからそれまでの通俗的な作品は認めてないんです。ヘミングウェイは、短編で「Up in Michigan（北ミシガンにて）」というのがあって、私が使っていた『愛について』という大学の教科書、アンソロジーに入っているんです。そのアンソロジーは大好きで、私はひとつの文学作品を何度も読んだりはしないんだけど、ここに入っている好きな作品は十数回読んでいる。「Up in Michigan」は店で働いている女が鍛冶屋の男をちょっといいなと思っていると、そのことに気がついた男がセックスしちゃう話なんです。セックスシーンがあるんですが、それを教材として東大で教えた時に、「不適切だと思ったので授業に出ませんでした」とレポートに書いてきた男子がいたんです。

小池　（笑）。

小谷野　短編の場合は、英語で読んだほうがいいと思う。「ローマン・フィーバー」という私の大好きなイーディス・ウォートンの短編があるんだけど、これも英語で読んだほうがずっといい。

小池　『ギャツビー』についても村上春樹が、翻訳よりも原文のほうがいい、翻訳で読むから誤解されているんじゃないかと解説で書いていました。

小谷野　そのフィッツジェラルドが好きで好きでしょうがない村上春樹というのはなんなんでしょうね。

小池　そこは私も不思議に思っている。村上春樹はいろいろ押さえ込まれている人なのかしら？　両親が先生でしょ？　私、けっこうこの人は抑圧されている部分が多いのかなあ、なんて思っちゃったりしますね。なぜ『ギャツビー』をそこまで好きになるんだろう。

小谷野　こないだ助川幸逸郎（＊6）さんに聞いたら、アメリカは成熟しないことをよしとした社会なので『ギャツビー』はアメリカでは名作ですが、ヨーロッパはどうだかわからないと言ってました。そんなことといってもわりあい世界的に人気があるような気もしますが。村上春樹も成熟しない人ですからね。

小池　そうですね。村上作品の登場人物達は基本的に若い。少なくとも女性は。中年女性とか老女とか、出てこない。

小谷野　というか主人公自体が年を取らない。

小池　そうなんですよ。本当不満だわ。

小谷野　不思議なのは、フィッツジェラルドの最初の作品は『楽園のこちら側』というんですが、あれは村上春樹は訳さないですね。あんまりよくないのかなと思いますけどね。

小池　『ギャツビー』に対する思いが突出してすごいですよね。

小谷野　村上春樹は、国木田独歩の子孫だという説がある。あの人、顔がよくないでしょ？

小池　味はあるけどいいとは言えない。

小谷野　ジャズ喫茶のマスターをやって、すごい売れる作家になって、しかも純文学で。でも去年カズオ・イシグロがノーベル賞をとっちゃったから、もうノーベル賞はとれない、というすごいかわいそうな人になってきた。

小池　複雑ですね。村上春樹作品は大人の女は出てこない。みんな若くて人形みたいな女の子しか出てこないから、女の人に対してどういう感覚を持っているのかが、いまひとつわからないです。

小谷野　『ノルウェイの森』というのは、最初はみんなフィクションだと思っていたけど、ほぼ実体験なんです。緑が今の奥さん。で、あのおかしくなってしまった直子みたいな女の子と付き合ってたんですよ。と、私は思っています。ハンブルクに着く飛行機の中で泣いたりして、スチュワーデスに声をかけられる、あれは鷗外の「舞姫」の真似でしょ？　「舞姫」は最初に、サイゴンに船が着くところから始まって昔のことを回想する。泣くのは「伊豆の踊子」の真似なんです。

小池　きれいな涙を流すのよね。

小谷野　「伊豆の踊子」というのは奇跡的な名作だと思うんです。事実をそのまま書いただけなのに、見事な小説です。

小池　やっぱり川端康成はすごいね。

小谷野　村上春樹に話を戻すと、前に『世界の終わりとハードボイルド・ワンダーランド』にやたらフェラチオをしたがる太った女が出てくる話をしましたが、『ノルウェイの森』の直子もフェラチオをするんです。

小池　だから、村上春樹はすごく混乱したものがあるんじゃないですか？

小谷野　私は以前、ちょっとおかしい女の人と付き合ったことがあって、またおかしな女の人が出てきましたが（笑）。その人はフェラチオが好きなんです。セックスしたあとで寝ようと言って寝ていると、起き出して私の下着を脱がせる。その時はじめて私は村上春樹を理解しました。村上春樹はこういう女と付き合ったに違いないと。

小池　なるほど。それは私にはわからないけど、結局、挿入するとか合体するという形ではない別のものですからね。だけど「含む」っていうのは不思議な関係ですね。

小谷野　しかも『ノルウェイの森』で怖いのは、直子が死んじゃうと、あの美しい肉体がこの世から亡くなってしまったと言うんですよ。え？　どういう考え方なの？　と思うんです。

小池　そんなことが書いてありましたか。なんだか気持ち悪いですね。

小谷野　村上春樹は気持ち悪いですよ。

小池　そうなんです。それはわかってます。

小谷野　わかっている？（笑）わかっていることが前提になっているんですか。

小池　ええ今思い出しましたが、私はそこを好きで読んでいました。

小谷野　村上春樹はものすごく人気があるんですよ。だって専修大学でこの前、ひとりひとりどんな本を読んでいるか聞いたんです。江國香織、三浦しをん、山田悠介、辻村深月、朝井リョウとかに混じって、村上春樹の名前が挙がる。大学で好きな作家を聞くと意外なものが出てきますね。直木賞作家ばっかりなんですよ。唯一中村文則の作品が挙がったけど、中村文則の名前は出てこなかった。要するに映画化されたものを読んでいるだけですからね。村上春樹もこれからどうするんだろう。今年まだノーベル賞をとれると思っている人がいるらしいですよ。

小池　でもわからないですもんね。本当にもう可能性はなくなったんですか？

小谷野　ないですよ。つまりイシグロが日本出身の作家ということでとったので。もうあと二十年ないですよ。

ギャツビーは私

小池　『グレート・ギャツビー』に話を戻すと、これは本当に面白い小説だと思いますよ。学歴詐称の問題とかね。ギャツビーは騙すんだけど、騙すというほど悪人じゃない。そこもまた面白いんだけど、少なくともあからさまな嘘をつきます。ジョーダン・ベイカーというゴルファーが出てきて、この人もずるをする人で、ちょっとボールの位置をずらしちゃう。ギャツビーのまわりには、ベイカーのようなずるする人、ブキャナンのような気持ちの悪い男、デイジーのような嫌な女が、さざなみのごとく出てくる。「僕」という、最後にギャツビーを支持する語り手が、一貫してニュートラルな視点を持ち続けて語っていくわけですが、たくさん嫌なやつが出てきて、しかも糾弾されるような要素がいっぱいある。そういう人達を対岸に見て、私は非難はできませんね。だってギャツビーは私のような気もするから。この小説はそういう感覚で読ませないですか？

小谷野　読ませないです（笑）。

小池　私はギャツビーだわと思う。私はデイジーだわとは思わないけど。

小谷野　最初はデイジーをずっと思い続けるところだけに注目して共感してたんだけど、もう一遍読んだら全然違いました。

小池　デイジーを思い続けるのは思い続けるんだけど、ただ思い続けるんじゃなくて、ギャツビーもおかしいじゃないですか。その情熱の持続が正気じゃない。というか、正気すぎるところが狂気なのかな？　だから、『欲望という名の電車』も『ギャツビー』もこんなに狂気を扱ってくれて面白い小説はないと思いました。

小谷野　私は嘘が嫌いなんです。

小池　嫌いだけど小説の中で読むと面白いじゃないですか。でも、小谷野さんにはそういう心の動きすらないんだろうね。

小谷野　ないですね（笑）。

小池　ベイカーがピンの位置を少しずらしてしまうような、そういう後ろめたさがないんですね、小谷野さんには。

小谷野　ないですね。むしろ、それが私の狂気なんですよ。なんで私はこんなに本当のこと言ってしまうのか。

小池　私もそう思った。本当のことをやり続けるというのかしら。それはすごい狂気だと思います。

小谷野　だから「真実教」と私は言っているんです。ちょっとでも違っていたら、修正せずにいられない。

小池　（笑）。ギャツビーはぶれてるじゃない？　そういうぶれてるものが私はすごく好きなの。昔、私もジョーダン・ベイカーみたいにピンをずらすようなことしたんじゃないかしら、とか、いろんなことを思い出すんですよ。具体的な何かやったわけでもないのに、ピンを動かすようなことをしたんじゃないかとか、デイジーみたいにギャツビー邸に行って、いろんな色のシャツをばら撒くようなことを、現実では決してしないにもかかわらず、読むとやってみたいという自分に気付く。あんなふうに色とりどりのシャツが欲しいなと思ったり。昔、自分が持ったかもしれない欲望に、思い当たるというかな。とにかく、これを読んでいると、そういうふうに自分の中がぶれてくるのが面白いんです。みんな少しずつおかしな人達が出てきますからね。でも小谷野さんはそうじゃない。我が道があって、原理みたいなものがあって。

小谷野　そうですね。それでやっぱり自分が正しいと思ってますからね。

小池　そうなのよね。それを乱されるのが嫌っていうか、そういうことをやっている人達を見るのも嫌なんじゃないですか？

小谷野　別にそういうのではなくて、変だこれはと思うだけですね。新田次郎の『八甲田山　死の彷徨』というのがあるんですが、あれは最後、みんな死んでて、あとの整理に行った人が銃を二挺持ってきちゃうんですよ。別に深い意味はなかったんだけど、あとで銃二挺がどこへいったかということが問題になって、けっこうな手間をかけて、銃二挺を隠滅させるんです。そこが好きなんです。たった銃二挺だけれども、軍隊にとっては重大なことですからね。

小池　そうですね。隠すんですか？

小谷野　井戸へ入れちゃうんです。だから私は、検事とかになったほうがよかったんじゃないかと思うんです。

小池　小谷野さんってさっきからなかなかいいイメージをお話しくださるけど、井戸の中へ銃を隠すという、それが描写として出てくるだけでもすごくいいですね。

小谷野　（笑）。そうですか。

小池　それを一回書いてくれるだけで、ずっと井戸の中に銃があるなと思って読んでいくからものすごく効果がある気がする。

犬の飼える一戸建てがあればいい

小谷野　贈収賄の事件があるでしょ？　私はあれに興味が持てないんですよ。

小池　一般的な意味でですか？

小谷野　たとえばロッキード事件とか。

小池　見返りにお金を渡すというような事件ですか？

小谷野　そんな悪いことをしているような気がしないんですよ。別にくれたものならもらっておけばいいと思うし、金というものに対する世間の関心が私と温度差が激しいんです。あいつはたくさん金をもらって許せんな、と世間は言うんだけど、政治家だしね、と思っちゃうんですよね。それよりも、嘘をつくほうがよっぽど許せない。

小池　それはすごく理解できる。小谷野さんのお金の使い方は知らないけど、無駄遣いはしないけど必要とあればパッと出しちゃうほうですか？

小谷野　そんなことは全然ないです。私はいわゆる学者なのですが、大学というのは賄賂がきかないところなんです。つまり、この人にこれだけ渡せば大学の教授になれるということはないんですよ。だから、もしそれがあったら私は贈賄する人間になってたかもしれないけど、そういう話は聞かないですね。要するに大学というのは、こいつは私の言うことを聞くかとか、大学内でセクハラがあった時に黙っていられるかとか、そういうことで判断するので、私はダメなんです。むしろ私が大学に勤めていてセクハラがあったら絶対にそれは喋っちゃう。だから裁判員になったら絶対に守秘義務を守れないから、断ろうと思っています。

小池　（笑）。その例は面白いですね。だけど少なくとも、『ギャツビー』を読むと、お金というものについて考えませんか？　それは面白いと思いませんか？　お金について書いた小説はあるんでしょうけど、こんなに、ある意味でわかりやすすぎるような陳腐な作品、陳腐な主人公は他にないんじゃないでしょうか。

小谷野　まるでけなしているようなのに、実は褒めている。

小池　そうです。なのに、こんなに面白く読めて、ギャツビーが最後に好きになる。

小谷野　なりませんね。

小池　なります！（笑）。これを読んでギャツビーを否定していた自分を改めることになりましたよ。ピンクのスーツを着ている男をバカにしてはいけない、と思った。

小谷野　ピンクのスーツはわりあいどうでもいいんですけどね（笑）。

小池　象徴として言っているんです。

小谷野　私は宝くじも買ったことないです。

小池　私も何年も買ってないですけど、時々買ってみようかなと思うんです。でも結局、すごく無駄金のような気がして……。

小谷野　宝くじはムダですね。だって期待値が低いですから。競馬のほうがまだずっといいですよ。だから賭け事もしないです。ドストエフスキーに『賭博者』というのがありますが、賭博に夢中になるっていうのもわからないですね。

小池　不思議ですよね。一攫千金《いっかくせんきん》っていうことですよね。

小谷野　賭博ものの映画って、どかっと儲けたあと、それをさらにつぎ込むじゃないですか。私だったら絶対ここで帰ると言って帰ります。

小池　それは本当にまっとうだと思います。でも好きな人はそこでまたやっちゃうんですよね。お金で遊んでしまう。

小谷野　村上春樹は金の使い方が堅実そうですよね。

小池　そうですね。外側から見ている分にはね。

小谷野　たぶん豪邸に住んでいるんでしょうけどね。

小池　でもわからないわ。誰からも見えるようにはお金を使ってないだけで、おそらくすごく質の高い贅沢な使い方をなさっているのかなと思うけど。どうでもいいですけどね。

小谷野　私にとって金というのは、たとえばこれをやれば儲かるという選択肢がなかったんです。だから実感がないですね。

小池　私もそれはそうです。

小谷野　右翼本を書けば売れるかなと思うのですが、結局書けないと思います。

小池　右翼本ね（笑）。

小谷野　よく西鶴は金を書いたと言われますが、私はそんなにそこに興味を持てない。

小池　お金そのものに興味がない？

小谷野　興味がないわけではないですが、犬の飼える一戸建てがあればいいとしか思えないんです。

小池　（笑）。

小谷野　あと書庫ですね。書庫は買っちゃいましたけどね。

小池　だから欲望は人間みんな持っていて、欲望のありかが違うってことなんだろうと思うんです。この前、阿部謹也の本を読んでいて納得したことがありました。信仰をやっていて、清貧な生き方をしていてお金にも無頓着で欲望もなく、本当につつましく生きているような人でも、ではそれは欲望がないのかと言えばそうではなくて、一般的な欲望を上回るような別の欲望、たとえば宗教的な欲望などによってただ普遍的な欲望が消されて見えなくなっているにすぎないと、そういう趣旨のことが書いてあったのです。ギャツビーはお金を稼ぐためにお金を得ようとしていたわけじゃないんですよね。

小谷野　金持ちになればデイジーが来てくれるだろうというのは、私も若い頃、思いました。博士課程に行けばいいんじゃないかとかね。すごく小さい話ですが（笑）。

小池　この地位を得られれば来てくれるんじゃないか。難しいですよね。でもまさに同じじゃないですか。ギャツビーと！

小谷野　そうですよ。ただ、それが途中で消えてしまうんです。デイジーはギャツビーをどう思っているんでしょうかね？

小池　デイジーがまた曲者ですよね。

小谷野　なにしろ私はハンドバッグで殴られるような人間ですからわからない。

小池　（笑）。ギャツビーの相手として、デイジーはあまりにも液体状の女というか、まったくとらえどころのない困った女ですね。

小谷野　そうですね。

小池　ふわふわと、観念の女ですよね。その場が満たされればいいわけですからね。だから、あなたと一緒に私も逃げて暮らす、ブキャナンを捨ててなんて言うわけがないんだけど、ギャツビーは言ってくれると思ったんですよね。かわいそうに。

小谷野　でもギャツビーはストーカーにはならないですね。

小池　不思議なことにストーカー的なところはないですね。

小谷野　いや、それも変ですよ。向かい側ででかい家を建ててパーティをやってるとデイジーが来るなんて。

小池　考えていることは漫画みたいな感じですよね。単純極まりなくて。

小谷野　金があればできると思ったんですね。

小池　だからその金を象徴するような豪邸だの召使いだのパーティだの、それが最後に一挙になくなって、がらんと邸宅が残っているけど、中身は空っぽになりますね。空っぽで、ギャツビーも死んじゃう。もしかしたら、そういうダイナミックな動きを読むのが面白いのかも。わーっと富を、漫画みたいな富なんだけど、色とりどりのシャツや、幾部屋もある邸宅、シャンパンがかちゃかちゃ鳴って、それが全部消えちゃう。全部消えちゃうって、すごく爽快感がある。悲しいんだけど、すごくすっきりする。泡のように消えちゃう。

小谷野　美術品というのもけっこう高かったりしますよね。ああいうのも私は興味なくて。だから展覧会って行かないんですよ。

小池　絵は見たりしないんですか？

小谷野　絵は写真を見てればいいじゃないですか。展覧会に行く人は何を見にいくんだろうと思いますよ。

小池　絵の場合は、本当のセザンヌのリンゴはどういう赤なんだろうとか、そういうのが見たいんじゃないかしら。

小谷野　一九六〇年頃だったら、まだわかるんですが、今は製版技術が高いじゃないですか。あと町の風景もストリートビューで見られる。私は飛行機に乗れなくて悲観したけれど、もういいや、ストリートビューで、と今はなってます。みんな諦めちゃう。

小池　なんでもかんでもそこへ行かなきゃというのはおかしいと思いますけれどね。だから一枚の絵に何百万の値段がつくのも、不思議なものですよね。

小谷野　年をとると骨董《こっとう》趣味に走る人もいますよね。あれもよくわからない。

小池　川端もそうだったでしょ？　お金を払わなかったりして。

小谷野　川端はそういえばギャツビーっぽいですよね。

小池　渋いギャツビー？

小谷野　あの人はすごく美術品を買うのが好きで、ノーベル賞をとった時にこれで賞金でたくさん美術品が買えると計算した。そしたら賞金の額を超えちゃって、これじゃ買えないですね、つまりませんね、と言ってたらしい。頭おかしいですよ。結局、美術商が持って来たものの払ってないんですよ。だから死んだ時に美術商がいくつか持っていったんです。あれもよくわからない。

小池　すごいですね。すごく図太いんですよ。だからやっぱりお金って、何千万、何億という単位のかたまりになると物みたいに指ひとつで動かせる。だから観念に近いもので、面白いと言うこともできる。何かと交換しようと思うからお金は面白いことになっちゃうのかな。ギャツビーは富とデイジーを交換しようと思ったんでしょう？　交換というのが違うのかな。富の中にデイジーを迎え入れようとした？

小谷野　皇帝になりたい、とかならわかるんです。皇帝になって好きな女を手に入れる。

小池　やっぱりギャツビーが好きになったデイジーはお金によって動く女だったから、お金をまず得なければと考えたんだろうね。もしかしてギャツビーはお金なんていらない人、小谷野さんのような人だったかもよ。それがたまたま好きになった女がお金が好きだったから、お金でできている女だったから、そういうことかもね。だから私、少しもギャツビーが汚れた感じがしないんですよ。どんな悪いことをやったとしても。

小谷野　私は汚れているともあんまり思ってないんですよ。単なる変なやつだとしか思ってない。だからさっきと同じなんです。ブランチも単なる変なやつだし、ギャツビーも単なる変なやつ。

小池　そう言われてみたらそうだけど、こんなに魅力のある、語りがいのある変なやつはいないですよ。ひと言でいかがわしいやつ、と切り捨てるにはあまりある、すごく私とつながったものがある。

小谷野　私はデイジーがお金でできているという発想はなかったです。というのは、なんでデイジーがいいのかというのがよくわからない。

小池　そう、どこがいいのかまったくわからない。

小谷野　私は著書のない女の人って好きにならないんですよ。

小池　（笑）。

小谷野　だから私はおかしいんです。これは私の特殊な性癖ですね。

小池　すごく特殊かもしれないけど、小谷野さんにとっての本が、一般的にはお金だったり、美貌だったりと、いろんなものに置き換えられるんでしょうね。

小谷野　昔付き合った学者でまだ単著のない人がひとりいて、なんとかしろよとやきもきしました。おかしいですよ。

小池　好意を持っている人には、早く単著を出してほしいなと思うんですね。すごく面白い基準ですね。でも女の人は励ましてもらってると思うかも。早く出そうってね。

小谷野　けっこう学者でも単著のない人いますからね。

小池　そうですよね。いろんな事情でそうなっているんでしょうね。必ずしも能力と関係ないじゃないですか。

小谷野　外国で博士号をとっちゃった人というのはわりあい単著のないままだったりしますからね。しかしだんだん小池さんのパターンがわかってきました。

小池　なるべくパターンを見せないようにがんばります（笑）。でも本当に素直な気持で、『ギャツビー』は面白いなあと思いました。

『ロリータ』はロリコン小説か？

小池　ナボコフ(＊7)は『ロリータ』を英語で書いたんですよね？

小谷野　英語で書いて、自分でロシア語に訳してます。秋草俊一郎(＊8)という比較文学者が『アメリカのナボコフ』という本を出して、ナボコフが『ロリータ』が売れたあとに、自分は知識人であってロシア語も英語もできて、蝶の研究をしてとずいぶん自己宣伝をしたということを書いてます。私は『ロリータ』はちょうど秋草くんと同じ年頃に読みました。十八歳の時に大久保康雄訳が新潮文庫に入ってすぐ読んだんです。

小池　私も最初は大久保訳を読みました。

小谷野　当時、なにしろロリコンとか言われつつも、当の『ロリータ』はあまり人が読んでなかったという状況だったんです。それで読んだけれど、あまりロリコンの小説という感じはしなかったですね。なんかごちゃごちゃしててね。

小池　そうですよね。わかる。

小谷野　たぶん大久保康雄訳ではけっこう削除されているところがあったと思うんですが、今は若島正訳が出ている。若島さんの『ロリータ、ロリータ、ロリータ』という本があって、『ロリータ』にはどういう仕掛けがいろいろあるかということを解説している。それを読んで、あ、この小説は私にはわからないと思ったんです。つまり、ナボコフも若島さんもチェスをやる人なんです。『ロリータ』にはチェス的、将棋的な仕掛けがあるけれど、私は以前言ったように、将棋が好きにならないように母に育てられたので、そういう仕掛けに対して興味を感じないんです。秋草くんの本を読んでも、いわゆる最近、メタフィクションとか言いますけど、メタ構造だとか、これメタですよ、と言われても、それが何か？　となっちゃうんです。

小池　小谷野さんの小説は本当にそういうのないもんね。

小谷野　ないですね。あまりそこが面白いと思ってないんです。しかし大江健三郎はこれをロリコン小説として読みたいと言ってるんです。たとえばエンチャンテッド・ハンターズというホテルの名前が出てきますが、妙にそんなところが印象に残る変な小説なんですよ。あと二つ目の映画はクレア・クィルティと対決するところから始まるんですが、このクレア・クィルティというのもまたわからない。なんでこんなのが出てくるのか。ナボコフというのは偉い作家扱いされていますが、秋草くんの本を読んだらちょっと微妙なんです。秋草くんはナボコフを今、便宜上やっているけど、本当に偉いかどうかは微妙だよ、という書き方をしている。だからナボコフ自身が自分はすごいことをやっているんだという見せかけがすごくうまい。特に『青白い炎』なんてのは、いかにもインテリが喜びそうな小説なんですよ。架空の詩に対して注釈をつけたという。わーってインテリが飛びつきそうなやつなんです。でも要するに、『ビリティスの歌』を書いたピエール・ルイスみたいに、そんな古い詩のまがいものが書けるという技術を表明したいわけです。

小池　『ビリティスの歌』は読みました。

小谷野　あれはサッフォーの同時代の女流詩人の作だと言って発表された。日本語訳が出た時すごかったんです。実在すると信じて書評を書いた人がいた。

小池　（笑）。衒学的ですね。

小谷野　騙されているんです。

小池　『ビリティスの歌』は沓掛良彦《くつかけよしひこ》さんが訳しましたよね。それで私もはじめて知ったんですよ。あれはあんな官能的な……。

小谷野　沓掛先生が書いたピエール・ルイスの伝記『エロスの祭司』は面白かったです。

ナボコフはすごいのか？

小池　『ロリータ』は前に読んだ時はもっと面白かった印象があったんです。だからロリコンという言葉がひとり歩きして有名になっちゃっているけど、『ロリータ』はもっとちゃんと読んだら面白いのになと思ったほど面白かった印象があったんだけど、今回の読み直しではなぜか逆にふれてしまい、もう途中くらいから、単純な意味でも注がないとわからないようなところがいっぱいあるし、私はくたびれたな。今回、私は新しいので読んでみようと思って、最近の若島訳で読み直したんです。だけど大江健三郎の解説はまだ読んでない。

小谷野　その解説に、仕掛け小説だけれども、ロリコン小説として読みたいと書いてあるんです。ナボコフは本当に偉いのかという疑問を抱きながら私は秋草くんの本を読んだんですが、秋草くんというのは優秀で、ナボコフが果たして後世に残るかどうかわからないが、と書いてあって、カッコして、残らなくてもまあ仕方がないとある（笑）。

小池　（笑）。そういう意見も書いてくれるというのは、すごく抑圧をとってくれていいと思います。

小谷野　そうなんですよ。だから秋草くんには将来、比較文学会の会長になってもらいたい。

小池　これ、ナボコフ自身は書いていて楽しかったのかしらね。自分のために書いてるような感じのところも多くて、言葉が切れなくてどんどん入ってくる。

小谷野　ナボコフは全体にそうですよね。つまり、注釈をものすごくたくさんつけなきゃいけないような書き方をする。逸話も豊富で、たとえばナボコフをハーバード大学の教授に呼ぼうとしたら、ヤコブソンが「象の研究するのに象を雇う必要はない」と言ったとかね。だから、『ロリータ』を出したのはけっこう年いってからです。ナボコフが五十七歳くらい。

小池　そうですよね。若い時じゃなかった。

小谷野　出すまでにちょっと時間がかかっている。それで『ロリータ』のあとで、『エフゲーニイ・オネーギン』の注釈書、全四巻を出すんです。そういうことで自分には学識があるってことをひけらかすわけです。

小池　どうしたってそう受け取られちゃいますよね。当然だと思う。だけど、『ロリータ』のいいところは、「ニンフェット」というものを定義したところですかね。それだけでしょう。ってそんなこと言っちゃいけない（笑）。

小谷野　（笑）。

小池　九歳から十四歳までの範囲で、そして男性との年齢差が何歳以上で、ニンフェットの素質を持った子供とそうでない子供がいる。この視点がこの世に存在するという。私も子供の頃は誰かにそう見られていたのかもしれないし、今、生きている子供達が、どこかで誰かにこういうまなざしで見られているのかもしれない。子供の世界へ、ひとつのナイフのような、そういう視点を差し込んだ。めちゃくちゃ変な女の子だけど、ロリータにはニンフェットという何かがあるわけでしょう？

小谷野　でもロリータってあんまり魅力的な感じがしない。

小池　全然しないですよ。そういう好みを持たない人間にとっては、まったく。ですから他人事でまったく引きこまれないんです。ただこの言葉の繰り出し方、書き方が、執拗に性的でしょ？　ひとつの物事を執拗に書いていく、このやり方が性的というか。言語活動というのは性行為なんだなということを書いてるようなもんだと思いました。

小谷野　私の家の近所に小学校があって、朝方、ものすごい美少女を見ることがあります。小学校六年生の女の子というのは時々とんでもなく美しいんです。

小池　そういう美少女に会うことありますね。

小谷野　小池さんの少女時代の写真とかないんですか？

小池　（笑）。ありますよ。子供の頃の写真はありますけど、優等生的に写っているようなのとかですね。私は『幼年　水の町』という本の中にニンフェットっぽい女の子のことを書いたんです。丸山さんていう、子供達から見たら、ただの子犬みたいな女の子なんだけど、大人の美術教師の目から見ると異様にそそる女の子。丸山さんのことをいやらしい美術教師がパチパチ写真に撮ったり、丸山さんだけを特別扱いして、「この子は特別なんだ」ってみんなの前で言うわけ。だから思い返して見ると、そういうものから自分はもしかして外れてたかもしれないけど、ニンフェットって確かにいるんです。どんな子なのか。単なる美しいんじゃなくて何かこう……誘惑するような？

小谷野　その先生はその子と会話とかをするんですか？

小池　特にしない。その子の写真を撮るんです。会話とかそういう知的な作業がもたらすものではなくて、ただただその子の表面、見た目なんでしょう。

小谷野　だから私は自分が小学生の時は美しい女の子は好きじゃなかったんです。頭のいい女の子が好きだった。だから今でもたとえばその登校してくる女の子を美しいと思っても、会話をしたらダメだろうなと。見た目の美しさと会話の美しさは違うので、だから『ロリータ』を映画化しても成功しないのは当然なんです。

小池　今、本当によくわかった。『ロリータ』の映画版はつまらないなと思いましたね。あんな女の子を出すなら絶対に映像化しないでほしいと思った。

小谷野　でも、大林宣彦は美少女を撮りますね。でも、女優達は実際は十八か十九になっているから少女ではないですが。そういえば多部未華子が十五歳の時は美少女でした。

小池　多部未華子は風貌が独特の女優ですね。

小谷野　『ロリータ』の翻案版を作ればいいんです。ま、そんなことやらなくてもいいのか。でもこれ小説としての出来はたいしてよくないんですよ。だって最初にロリータの母親を死なせちゃってロリータを連れて逃げるって、要するにランナウェイ小説でしょう？

小池　そうなの。そのあとえんえんと旅をしてね。学校に入ったものの それもやめさせちゃって、それもすごく自分に都合のいい展開でしょ？

小谷野　まあ、都合がいいんだかなんだか、とにかくロリータは喋っちゃだめですからね。喋っちゃだめなものを言語藝術で表現するくらいならば、『少女アリス』とかいう写真集を出したほうがよっぽどいい。

小池　本当ね。実際ロリータに喋らせても罵倒するとかそんなのばっかりじゃないですか。ただこのロリータがハンバートにむかって強姦したとか、はっきりと言葉に出して言いますよね。きっちりと自分がされたことをわかってて、それを言語にして言ったってことはいいと思いました。

小谷野　でもロリータは処女じゃなかったって話があるでしょ？　あれあんまり面白くないですね。「それが何か？」って感じです。

小池　だからそのくらいの子だったんだけど、最初にこのハンバートがやってしまった時に、その罪が薄れましたよね。薄れるのも都合がいいじゃないですか、まったく。このハンバートって男は、そういう意味で本当に自分に都合のいい展開ばかり書いているような気もします。ロリータを崇めつつも、ロリータを貶めるようなことも書いていて、なんなんだ。自分の罪が軽くなる、という意味だったのかしら。

小谷野　アメリカで刊行された版の表紙の、ハート型の眼鏡をかけてるスー・リオンというのが最初の映画化の女優なんだけど、全然かわいくないですよ。だから最初のほうで、「ロー、ロー」とか言うけど、あれがあんまり効いてないんですよ。

小池　「ロー、ロー」って気持ち悪いんですよ。ロー、ローってすごく言いやすくて、いかにもかわいがっている感じが、音からわかりますね。『ロリータ』をすごく楽しい、大傑作だという人は、学識的なところに反応できて、なおかつロリータ的心情をよく理解できる人なんだろうか。

小谷野　要するに、『ロリータ』はとにかく話題性で売れたというところがあって、日本ではそんなに売れなかったんです。日本ではロリコンから始まってロリコンの元の『ロリータ』というのでナボコフは偉いということになって、ずっとナボコフはわからないけど偉いという雰囲気の中にいる。

小池　小説の中にいっぱい小説が入っている、という小説ですからね。

小谷野　米原万里は『ロリータ』を嫌いだと言っていました。

小池　やっぱりしっかり嫌いだと書いている人はいるんですね。

小谷野　ただ米原万里は共産党なので、それでか？　という解釈を秋草くんはしてました。私は違うと思いますけどね。

小池　私は、一度は面白いと思った時期もあったのに、なぜこんなに嫌になっちゃったか、わからないんだけれど、加齢のせいでしょうか。もう読まないかもしれないな。ロリータがテニスに興じる姿が執拗に描写される箇所があるんですが、「彼女のオーバーヘッド・ボレーとサーブの関係は、結句と反歌の関係に等しい」というように、日本の古典詩歌に即した訳が出てきたりして、これがどうも、わかりたいのに、よくわからなかった。

小谷野　必死の訳でしょう。

小池　そういう形で翻訳をさらに複雑な面白いものにしようとして、ナボコフ的なものにしようとしたのかな。努力されたんでしょうね。

小谷野　一時期、ナボコフとボルヘスがすごい最先端文学みたいに言われていたことがありましたね。

小池　私、ボルヘスはわからない。

小谷野　私もなんでそんなにボルヘスがすごいのかわからない。あの人の場合は目が見えないとか、ラテンアメリカだとかがあるんじゃないでしょうか。

小池　アルゼンチンに行った時にボルヘスの奥さんに会いました。ボルヘスの奥さんは日系の人なんですよね。

小谷野　私はナボコフよりヘンリー・ミラーのほうがずっといいと思いますけどね。

小池　私もそれは賛成します。ボルヘスとナボコフはあまり面白く読めません。

小谷野　つまり小説がどん詰まりに来て、えらい作家というのを探した結果、ボルヘスとナボコフになったという感じ。この対談ではナボコフには味方がいないですね。

小池　私は昔はすごく面白いと思ったの。
小谷野　私は予備校生の時に読んで、そんな面白くなかったなというのが、別に今でも変わらないですね。
小池　私は、目のゴミを舌で取るっていう、若い時はここにびっくりしちゃったのかもしれない。うわ、こんなこと書くんだいやらしい、と思いながら、そういうところに感動した記憶があります。
小谷野　加能作次郎の「乳の匂い」というのがあって、目に入ったゴミを若い女が乳首から乳を出して取った。
小池　まあ！　すごいですね。
小谷野　だからそれに比べたらたいしたことない。
小池　確かにね（笑）。乳で取るって、流し取るってこと？　すごいね。

二十世紀の偉大なアメリカ文学とは

小谷野　私の中学校の時の先生で、生徒と結婚した人がいます。
小池　いますよ。今でもそういう先生はけっこういますよね。
小谷野　それって高校を出るまで待ってたってことですからね。
小池　でしょうね。だからそういうのが抜きがたくあるんですね。育てて妻にするとか。

小谷野　それはモリエールの『女房学校』というので風刺されていますね。私はあまりそれは考えないですけどね。ただ私が今の妻と結婚したのは彼女が二十三歳の時ですからね。

小池　あ、そうですよ。奥様は二十一歳も年下で、『ロリータ』の世界に近いじゃないですか。

小谷野　そうですね（笑）。でも助かりましたよ。母が病気だった時にそういう若い人が側にいたことは。精神的にもね。

小池　エネルギーのある若い人が側にいてくれるだけでね。本当そう思うわ。

小谷野　老老介護とか今言いますからね。八十歳くらいになった親を六十歳くらいの人が介護していたら悲惨ですよ。

小池　本当そうですよ。

小谷野　それで先に死んじゃったりしますからね。

小池　そういう悲劇もありますよね。

小谷野　ナボコフはノーベル文学賞をとってないでしょう？　だからノーベル文学賞はそれなりに見識があるんですよ。私はたぶんノーベル文学賞を評価してるほうだと思います。ただ、エロティックなものに対して厳しい。モラヴィアももらえなかったでしょう？　でも私もモラヴィアはそんなに偉いと思わない。

小池　私は好きでした。いいなと思って読んでいた時期があります。

小谷野　あの人は島田雅彦みたいな感じで、思いつくままに、ちゃっちゃか書いている感じがします。イタリアって偉い作家いますか？

小池　カルヴィーノとか？　詩人とはたくさんいますよね。

小谷野　ダンテ。

小池　ウンガレッティとか。イタリアの作家で好きなのはピランデッロ。あの人はノーベル賞をもらいましたよね。

小谷野　アメリカ文学に話を戻すと、二十世紀だとフォークナーが一番偉いんです。私は必ずしもフォークナーは好きでないんだけど偉大であることは認めざるをえない。『八月の光』は読みました？

小池　昔、読みました。

小谷野　あれは意味がわからないんですよ。全部読んでも何がなんだかわからない小説。あと『サンクチュアリ』も。フォークナーはやっぱり『アブサロム、アブサロム！』がいいです。アメリカ文学をやった人はだいたい『アブサロム、アブサロム！』を評価して、ガルシア＝マルケスなんかその亜流だと言うんですよ。

小池　『百年の孤独』はとても好きです。

小谷野　私にはわからないですね。私は『枯木灘』を読んでも、『百年の孤独』を読んでも感心しなかったのに、『アブサロム、アブサロム！』を読んで感心した。今すごく『アブサロム、アブサロム！』の亜流が多いんですよ。莫言《モーイエン》とかもそうでしょ？　それからアルンダティ・ロイとかも。一族の歴史が始まりますよ、みたいなはじまりだと、あ、これは『アブサロム、アブサロム！』と思っちゃう。

小池　構造はそうなのかもしれないけど、土を食べる少女とか出てきちゃうと、ああいいなって圧倒されちゃいますね。

小谷野　私は『百年の孤独』は覚えてないんです。『アブサロム、アブサロム！』も覚えてない。ただ読んだ時のすごいという感じだけが残っている。

小池　本当によかったんだろうね。

小谷野　フォークナーも『野生の棕櫚《しゅろ》』とかは変なんです。一九五〇年代にすごくフォークナーが流行ったんです。だから『太陽の季節』なんかフォークナーの真似です。

小池　本当に？　石原慎太郎の？

小谷野　そうですよ。恋人が妊娠して死んじゃうっていうのは、『野生の棕櫚』なんですよ。あの頃、坂上弘も似たようなものを書いてた。流行ったんですよ、あの当時。

＊1　テネシー・ウィリアムズ（一九一一―八三）米国の劇作家。ミシシッピ州生まれで、『欲望という名の市電（電車）』『ガラスの動物園』『焼けたトタン屋根の上の猫』などで知られる。ゲイだった。

＊2　アンドレア・ドウォーキン（一九四六―二〇〇五）米国のフェミニスト。著書『インターコース』で、すべての性交は強姦であると主張したとされる。のち本人は否定したが、そうとしか読めないと言われた。

＊3　吉澤夏子（一九五五―　）社会学者、立教大学教授。大澤真幸の妻だった。ラディカル・フェミニズムを批判し、男女間の愛は可能であると述べたことで知られる。

＊4　舌津智之（一九六四―　）アメリカ文学者、立教大学教授。東大英文科大学院出身。『どうにもとまらない歌謡曲』などがある。

＊5　杉村春子（一九〇六―九七）女優。文学座所属。劇作家・森本薫の愛人で、生涯その代表作『女の一生』を演じ続けた。

＊6　助川幸逸郎（一九六七―　）国文学者、岐阜女子大学教授。村上春樹や『グレート・ギャツビー』についての著書もあるが専門は平安文学。

＊7　ウラジーミル・ナボコフ（一八九九―一九七七）ロシアに生まれた作家。ロシア革命で西欧に亡命し、一九四〇年米国に渡った。一九五五年に、少女への愛にとりつかれた男を描いた『ロリータ』を刊行して「ロリコン」の語源ともなった。英語、ロシア語双方で小説を書き、実験的作風で知られる。ほかに『賜物』『青白い炎』などがある。

＊8　秋草俊一郎（一九七九―　）比較文学者、日大准教授。東大大学院現代文芸論出身。ナボコフを専門とする。

第三章

『鍵』『瘋癲老人日記』『蓼喰う虫』谷崎潤一郎

『雪国』川端康成

小谷野　今回は川端と谷崎で、私としては二人ともわからない作家ではなくて好きな作家です。全部読みましたし。
小池　そうでしょう？　だから私は今日はいろいろ教えてもらおうと思って来ました。だけど川端っていいですね。この『雪国』はものすごく昔に読んだきりだったから、慌ただしく読み返したんだけど面白かった。お好きですか？
小谷野　谷崎も川端も好きな作家だけど、ただしわからないのもある、ということで選んだんです。私は『雪国』がわからないんですよ。
小池　『雪国』が特にわからない？
小谷野　川端はもともと長編を書くと失敗する人だったんです。若い頃の新聞連載はみんな破綻してる。『乙女の港』はいいんですが、あれは中里恒子の代作ですから。
小池　そうなの⁉
小谷野　『雪国』は最初はまったく違う形で、「夕景色の鏡」などの題であちこちに連載していたんです。
小池　いろんなところに分載してたんですか。
小谷野　後の『山の音』や『千羽鶴』は分載したのをまとめているんですけど、『雪国』の場合は分載どころか完全に書き直している。だから最初に書いた「夕景色の鏡」も、「国境の長いトンネルを」なんて始まってないんですよ。いきなりこの女に会いたかっただけだ、みたいな始まり方なんです。

小池　では、これはそうとうあとになって本にまとめたんですか？

小谷野　二～三年後です。川端は旅に出て環境を変えて書くんです。それでよく群馬県の温泉に行ってたんですが、ちょっとそこを越えて行ってみようというので、越えたら越後湯沢へ達して、そこで高半《たかはん》旅館っていうのに泊まって、この駒子のモデルの藝者に会うんです。それで何度か行くようになってそのうちに、改造と文藝春秋の締め切りが迫っていたので、年末にざっと二つとも書いちゃう。文藝春秋に書いた「夕景色の鏡」なんて鏡が出てこない。

小池　『雪国』には鏡が出てきましたね。

小谷野　書き直したものですからね。世間には『雪国』って最初から国境のトンネルを抜けるとって書きはじめたと思っている人がいるけど最初は全然違います。モデルにされた松栄は、あんたのことが書いてあるよと言われて、町の本屋に行って買って、顔を真っ赤にして、「私、書かれちゃったわ」と言っている。

小池　真っ赤になるくらい本質を描かれちゃったのね。

小谷野　だってセックスしてますから。

島村と川端

小池　『雪国』は長編といっても、そう長くないですよね。

小谷野　もともとはもっと短くて、最後の天の川の場面もなかったんです。それを戦後になって書き足した。分載していた当時はだからまだ『雪国』という題名がないので、「島村もの」とか言われてたんです。それが発表当時からやたらと評判がよかったんですね。

小池　そんなに評判だったんですか？

小谷野　駒子は三味線を弾くのに文化譜を使っているんです。文化譜というのは明治になって杵《きね》家《いえ》彌《や》七《しち》（＊1）が夫と一緒に発明したものなんです。それで宇野浩二がこれはよくない、あの方に文化譜ではなくて長唄協会のやつを使ったほうがいいと伝えてくださいと言っている。駒子のことを「あの方」と言うんです。

小池　文化譜って楽譜みたいなものですか？

小谷野　昔ながらの和楽譜をもっと西洋楽譜みたいにしたのが文化譜。私は三味線を弾かないのでよくわかりませんが。三味線は前に習おうと思ったことがありました。

小池　私もそうなんですよ。ちょっと弾いたことがあるんだけど。譜面は読めません。

小谷野　三味線を持っているんですか？

小池　持っていませんが、長く祖母の三味線を借りていたことがあります。祖母は三味線がかなり弾ける人でしたが、私は結局、続きませんでした。少しつまびくくらいはできます。

小谷野　それはいいですね。小池さんは下町育ちですからね。三味線は高いんですよ。六十万くらいする。三鷹で三味線屋に行ったんですけど、高いなと思ってあきらめた。谷崎潤一郎も三味線を弾いてましたね。

小池　そうですか。

小谷野　『雪国』は評判がいいので書き続けたんだけど、これが面白いのは、発表したあとも川端は高半旅館に行ってるわけです。だから本当は駒子の「あなた、これ小説に書いたわね」ってセリフがなきゃおかしい。でもそこは省略されている。

小池　なるほどね。

小谷野　島村は舞踊評論家だってことになってますが、川端は『雪国』を書く前に、エノケンが浅草水族館ではじめたカジノ・フォーリーというレヴューの劇団に入れ込んで、梅園龍子という美しい踊り子を引き抜いて本格的に洋舞を習わせる。川端は梅園龍子が好きだったんですね。でもその時、川端には奥さんがいるんです。

小池　秀子さん。ずっと奥様はひとりでしたよね。

小谷野　川端は秀子がそんなに好きじゃなかったということが後に『山の音』に書いてある。本当に好きな女とは結婚できなくて、その妹と結婚したと。あれはものすごく秀子にとっては残酷な話なんです。秀子というのは青森から出てきて、父親は消防署の団員で火事の時に焼け死んでいる。兄がいたけれども東京に出てきちゃって、ちょっと文学少女だったらしいんですね。文学少女というのは作家だとなると押しかけて来たりする。菅忠雄という文藝春秋の編集者のところで女中をしている時に、菅がちょっと出かけるからお前ちょっと留守番してくれって川端に頼んで、川端と秀子と二人だけで過ごすことになっちゃった。そうするとやっぱり男と女だからやっちゃうんです。それで、できちゃったんですね。

小池　(笑)。事故みたいね。

小谷野　戦前に文藝懇話会というのがあって、内務省の松本学警保局長が発起人で、国の機関だというのでけっこうもめたんです。第一回の文藝懇話会賞で候補から武田麟太郎の作品は外すということがあったり。『雪国』は第三回文藝懇話会賞を受賞し、その直後に藝術院ができます。川端が藝術院会員になるのは戦後です。当時は横光と川端が併称されました。横光利一なんてのは一種ニューアカのアイドルみたいな感じで、その頃の学生には受けてたんですけどね。

ノーベル賞は大物がとっている

小谷野　私は谷崎と川端では、谷崎のほうが人間は好きなんですよ。

小池　私は谷崎は健康的な悪魔だと思うんです。それでやっぱり川端のほうが好きだなと思った。

小谷野　それはすごく珍しいですね。

小池　健康的なのは悪くはないんです。谷崎は健啖家だし、やっぱりすごく「人間」ですね。川端のほうが悪魔だけど、本当に人間とは思えないような凄みで、実際に会ったら川端のほうが引きずり込まれそうな感じがして。

小谷野　私は川端康成伝に「双面の人」という題をつけました。川端というのは孤独が好きな人と思われているけど、ものすごく社交家なんです。だってあの人、ペンクラブの会長を十七年やっているんですよ。

小池　ずいぶん長いですね。

小谷野　飛行に乗る前に手を振っている写真があって、あれはまさに川端の社交的な一面を表している。
小池　政治家っぽいね。政治家を応援したり。
小谷野　それはもうちょっと後なんですが、とにかくペンクラブに入れ込んで、ペンクラブの会合のために西洋へ行って、西洋の文学者達と会っている。それでノーベル賞をとったんです。つまりちゃんと運動は怠らなかったわけです。それは三島もアメリカに行ってやっているんですよ。大江もやってます。結局ノーベル賞をとるというのは、西洋へ行って、有力者と会わなきゃダメなんです。
小池　（笑）。そうなのかも。
小谷野　日本国内の賞もそうですけどね。
小池　そうですか？　運動ですか（笑）。
小谷野　でも小池さんがもし運動をしないで川端賞をとったのなら、それはすごいですよ。
小池　いっさいしてませんよ。本当に。
小谷野　それは選考委員が小池さんに惚れ込んだってことです。
小池　たまたまです。津島佑子さんが授賞式の時、小池さんという方は文壇の中では知られていないけれども、作品主体に選んだんです、ってわざわざ壇上でおっしゃったんですよ。編集の方も、この賞は作品に与えられるんだから誇りにしていいよと。他の賞がそうではないとは思いませんけれど。私は運動などしなくてもとる人はとると思いますよ。でもノーベル賞なんかは、まず知られることが前提なのでしょうから、最近は日本人の作家のみなさんも動いていらっしゃるかもしれない。そういう動きを感じることはあります。

小谷野　そりゃやってるでしょう。

小池　『雪国』は、「夜の底が白くなった」とか、そういう表現がけっこう批判されるじゃないですか。なんだかわからないって。山の底って言い方も出てきましたね。

小谷野　だって川端は新感覚派だから、それは夜の底は白くなりますよ。

小池　でも小谷野さんの感覚だと、こういうの嫌なんじゃないの？　小谷野さんて比喩が嫌いでいっさい書かないじゃないですか。

小谷野　いや、比喩が嫌いなんじゃなくて、自分ではうまく使えなくて、また仰々しい比喩が嫌いだというだけで、川端は別です。

小池　そうなんだ！　どうしてそこまで？

小谷野　私は高校三年の時に『掌の小説』がものすごく好きで、勉強して疲れると『掌の小説』の一篇を読んで、はーっとリフレッシュしたあと、また勉強に戻るんです。もう、魔術師ですよ、言葉の。

小池　私もそう思う。やっぱり川端っていいなって思った。谷崎潤一郎より好きです。

小谷野　人間としては私は谷崎潤一郎のほうが好きで、谷崎のように生きたいと、『谷崎潤一郎伝　堂々たる人生』を書いた二〇〇六年頃に思ったんです。その時に、谷崎は五十歳でタバコをやめてるので、私も五十歳でやめようと思ってたんですけど、ちょっと遅れちゃった。あれは松子が喘息持ちだったのでやめたようです。

小池　『雪国』は教科書的な名作で、ものすごく有名になりすぎたけど、川端の三十七歳くらいの作品でしょ？　だけどもう既に、リアリズムじゃないような、とても幻想的な、悪魔的な、よくこんなふうに書くもんだなという、書き方が現れるじゃないですか。私、最初は、雪国の藝者の女と情を交わす小説だなんて思っていたけれど、そんなんじゃ収まらない。面白すぎて。たとえば、女の体の上にいろんな自然の風物を照らし合わせるように描写してるところとか、ゾッとするようなうまいところがある。「後姿が暗い山の底に吸われて行くようだった。」とか。この人がノーベル賞をとったのは日本の風景とか風物を、底の底まで吸い上げるように書いたからじゃないかしら。

小谷野　特にそういうのは『山の音』の八つ手を切るところですね。あそこがものすごく効果がある。つまりそれが人と人が別れたりくっついたりすることを象徴しているんです。

小池　なるほど。自然と人が相照らす、そういう書き方してますね。

小谷野　だからノーベル賞って先程言ったように、運動してとっていると言いつつ、日本では川端と大江というやっぱりちゃんとした大物がとっている。これは不思議ですよ。日本の賞も不思議なんだけど、どうせ人脈だ、みたいに思いつつも意外とちゃんとやってるなってところが時々ある。やっぱり文学者の選考委員の頭の中に、半分俗なやつと半分ちゃんと文学のやつがいるんですね。

小池　そう思うわ。

女を見るまなざし

小谷野　でも結局、これは奥さんからしたら夫がよそで浮気してるわけでしょ？　まあ、当時の男なんてそんなものと言えるかもしれませんが。しかも藝者ですからね。

小池　そこはまったく問われてないですからね。でも私は今読んでも、そこは倫理的に裁こうなんていう気持ちにはならないですね。島村ってやっぱり女を見るまなざしの中に「物」を見るようなものがある。女の性格や属性を全部とっぱらって、いい女かどうか、いい体かどうかみたいなのだけを見て、そこに松や空や湖や木々を鏡のように照らして、ああ、きれいだな、美しいなって見てるわけでしょ？　そこが非情と言ってもいいし、私は同じ女として嫌だと思ってもいいはずなんだけど、川端に関してはただただうまいな、いいなと思うばかりで読んでますね。自分が駒子にまったく感情移入できないせいで、他人事のように眺めてしまっているのかな。男の作家が書く女って嫌なことが多いんだけどね、『眠れる美女』にも、気持ちの悪い部分がある。でも『雪国』はどこも嫌なところがないんですよ。

小谷野　では『眠れる美女』より『雪国』がいいってことですか？

小池　ああ、いえ、気持ちが悪いと言いつつ、どっちも好きです。川端ってやっぱりロリコン的なところがあって、『眠れる美女』の十六歳くらいの若い女の子とか、美しいかわいい子を愛でるじゃないですか。何もしないで添い寝というのは気持ちが悪い。でもその傍らに、中年女の独特の存在感というのも、しっかりと書くんですよ。『眠れる美女』のおかみさん。ああいう女性は他の作家はなかなか書いてくれませんよ。そこを見れば、むしろ『眠れる美女』は、川端の中で一番好きだと言ってもいいくらいです。谷崎潤一郎なんてやっぱりナオミとかでしょ？　『蓼喰《たでく》う虫』はちょっと違うけれど。人間の制度から外れた単体としての中年女、そういうのを川端はきちっと書く。それは川端がそういう女をひとつの物、ひとつの型として見ていたことの証でもあるんだけどね。宿のおかみさんが「たちの悪いいたずらはなさらないで下さいませよ」と、江口老人に最初から言うのよね。いいじゃないですか。この四十半ばくらいの女。

小谷野　小池さんのポイントは脇役に注目するところですね。

小池　そうなのかもね。こういう女はこの前行った老舗の鰻屋にもいたんです。いい女、もう女をおりてるくらいの妙齢の女でね。それでも目をひく女って時々いるんですよ。

小谷野　普通の女はおりてる年齢っていうのはいくつくらいですか？

小池　さあ、どうでしょうか。四十、五十。六十、七十。人によって意識は違うでしょう。老舗の鰻屋にはけっこういい女、いいおばさんがいますよ。お尻の大きい。

小谷野　私は四十代だと、あんまりおばさんとは感じないですね。

小池　確かに今の四十代はすごく若いから、おばさん感はないかもしれないね。『雪国』では駒子と葉子が出てくるでしょ？　彼女達は小谷野さんどうですか？

小谷野　駒子はちゃんとモデルがいるわけです。でも葉子はないんです。ただ、葉子のモデルはカジノ・フォーリーから引き抜いた梅園龍子じゃないかと言われているんです。花柳章太郎が『雪国』を舞台にした時に駒子に会いに行ったんですよ。川端は幻滅するからやめろって言ったんですけど行ってきた。それで葉子にも会ったって言うから、葉子なんていないのに誰に会ったんだろう？　と思ったんですが、もしかしたら梅園龍子に会ったのかもしれない。川端や谷崎がロリコンというのには私はちょっと疑問があって、ロリコンというのは本来は十二、三歳じゃないですか？　谷崎も川端もそこまで年少の女子には行ってないと思うんです。せい子（ナオミのモデル）（＊2）がかろうじて十七歳くらいでしょ？

小池　でも川端はどうですか？　最後に自殺した時に若い女の子が……。

小谷野　違うんです。あの女の人は二十二歳。だから世間が勝手にロリコンと思い込んでいるらしいんですよ。田山花袋もそうだけど、相手の女性はそんなに年若くないんですよ。

小池　ただ、川端は若い女の子の綴り方をすごく褒め讃えたでしょ？　山川彌千枝（＊3）の『薔薇は生きてる』とか、ああいうのを川端はよく見つけてきて、これはいいというあの心。文章も女の子の体と同じで、ああいう若いボディと精神を可愛がる、そういう気持ちがある。

小谷野　川端は『少女の友』や『新女苑』で選者をしてたんです。だからたくさん読んでたんです。川端はその時に小学生から中学生になる十二歳くらいまでは非常に素直ないいものを書くのに、女学校に行くとすごく大人向けになるというふうに書いている。確かにそれはありますよ。小学生の時にすごく魅力的だった女の子が、中学生になるとガタッとなっちゃうことがある。それは月経とも関係があるんでしょうけどね。サナギ状態ですね。

小池　あまり外部の影響を受けず、自分の中の美しさを培養するような時期、男にも女にもありますね。少年にもそういうのありますよ。

小谷野　小島信夫が『ロリータ』評で「男にとって、女の理想像は、十二歳の女にあることは、誰れでも知っている」と書いたのもある意味わかるんです。小学六年生で頭がよくて見た目がいい女の子って、とんでもないくらい禍々しく美しいです。

小池　女神みたいにね。小谷野さんはそう思うのね。

小谷野　思います。川端の唯一のロリコン小説は「士族」という、『掌の小説』の中に入っている作品です。士族の娘が画家と知り合ってモデルになってくれないかと言われるんですが、裸のモデルなんです。ものすごくいやらしい。ある種の女の人が読んだら「ああ！　いやらしい！」と叫びそうなくらいいやらしい小説なんです。あれはまさに川端のロリコン性を表していると思いますが、じゃあロリコンでない男がいるのか？　とは私は思いますけどね。

小池　そこまで言うのね（笑）。

小谷野　梅園龍子には本当に川端は恋をしていて、だけど、嫌われちゃうんです。その悲しみを吉行エイスケ（＊4）に書いた長い手紙がある。恋愛の気持ちもあったんだけど、梅園龍子は今では私を嫌悪している感じであって、ものすごく悲しいって。

小池　そりゃ悲しいのはわかるけれども、その当時、川端はいくつくらいだったんですか？

小谷野　川端は三十くらいですね。

小池　まだ若かったんですね。それでも嫌われちゃったんですね。

小谷野　だって川端は女にもてる顔ではないですよ。

小池　気持ち悪いっていうのがあったかもしれないね。じーっと見られたらね。

小谷野　ではその手紙を誰が持っていたかというと、吉行淳之介が持ってたんです。だから川端は吉行淳之介にはちょっと遠慮している。そして吉行は川端の真似をしようと一所懸命だった。ただ悲しいことに吉行淳之介はもて男でしょ？　ものすごくかっこいい。

小池　そこが違うのかな。肉薄しているけどちょっと川端に及びませんね。

小谷野　吉行淳之介にはもてない悲しみがないんですよ。だから吉行の文学はいまひとつなんです。

小池　（笑）。すごく明快でわかりやすい。

左手の人差し指

小谷野　『雪国』で最初に出てくるのは葉子でしょ？　で、看病している男がいるでしょ？　ところが、この男、死んじゃいましたよね。その男と駒子はどういう関係なんだかわかります？

小池　わからないです。葉子との関係もね。

小谷野　わからないですよね。だから原善（＊5）が、これはやっぱり小説じゃないと言った。これは散文藝術ではあるけども小説ではないと。

小池　だけどこういうふうに書いてもいいのに誰も書かない。普通はこんなふうに朦朧《もうろう》と書かないですよね。

小谷野　この文章は川端以外に書けないんですよ。

小池　そうですね。

小谷野　本当に『掌の小説』の文章というのはすごいもので、一筆書きみたいにして書いてあるでしょ？　たとえば「空の片仮名」（＊6）というのは他の人が代作して、川端がちょっと手を入れている。ちょっと手を入れるだけでまったく川端の作品になってしまうんです。だから天才なんですよ。小林秀雄も天才だって言ってますが天才なんです。ただ悲しいかな、不思議なことに、天才であり、かつペンクラブの会長もできた。だから、なんか悲しいですよ。奥さんだけは変えられなかったし。

小池　（笑）。そこもまた面白いというか。思い通りにいかないものがある。

小谷野　川端は親戚の政子というのを養女にするんですけど、あれは奥さんが何度も流産したからなんです。たぶん戦後にも一回流産していると思うんですが、それで黒田という母方の親戚の政子という美少女を養女にするんです。政子の姉が数年前に『おじ様と私』（＊7）という本を出したんですが、そこに載っている写真を見て愕然《がくぜん》としたのは、姉は美人じゃないんです。政子は超美人なんです。つまりそれを選んで養女にした。

小池　だから残酷。『禽獣』の世界ですよ。

小谷野　『山の音』の嫁のモデルは政子です。

小池　そうなんだね。そういう残酷なところも含めて、川端はいいなって思う。

小谷野　（笑）。そうですか。付き合いたくはないですね。

小池　私、観察している分には面白い人だろうなと思うの。書く時には、人間でも檻の中に入れて観察する人じゃない？　鳥も人間も全部同じなんですよね。

小谷野　私は高校二年の冬に『雪国』を読んで、「なんでこれが名作なの？」と思ったんです。

小池　わからないところいっぱいあるものね。

小谷野　「こいつが一番よく君を覚えていたよ。」と人差指だけを伸ばした左手の握り拳を……ってこれね、実は最初の原稿だと髪のことだと思わせた。それはなぜかというと検閲にひっかかるから。

小池　髪に触れた指ということにしてたんだ。検閲を免れるために。

小谷野　ただ、この時には長いからごまかせると思ったのか書いてますけど、でもはっきりは書いてない。近松秋江が「食後」という小説を書いた時に、女と豆を食べるシーンがあって、これはまずい、検閲にひっかかるとなったんです。

小池　それだけで？

小谷野　ええ。つまり豆というとあれでしょ？　『文章世界』の田山花袋のところに持ち込んだ時に書き直してくれと言われたんだけど、秋江は『早稲田文学』に持ち込んじゃった。それがあとで紛擾《ふんじょう》になるんですが……。だからつまり、そういう不思議な検閲の仕方をするんです。

小池　検閲官のほうがよっぽどいやらしいわね。その前提がいやらしいですよ。

小谷野　でも編集部でもわかったんです。『早稲田文学』でも島村抱月が、ちょっとこの豆はまずいと。

小池　暗示を感じさせる文学力があったってことではありますね。今の人達なんて豆と言われてもわからないんじゃないかしら。

小谷野　昔の落語の小話で「福は内、鬼は外」とやられて豆から逃げた鬼が、女湯へパッと飛び込んで、ダメだここも豆だらけだと（笑）。

小池　（笑）。まあ、そんな。

小谷野　本当はそんなちゃんと言わないんです。「ああ、ダメだここも」と言って終わり。

小池　小谷野さんそういう講義をすればいいじゃないですか？　みんな面白がるでしょ？

小谷野　今の学生にはわかりません。わからないどころかセクハラで訴えられる。

小池　最近はそうですね。題材選びが難しい。

小谷野　この前、これまでの授業で覚えていることについて書かせたんです。そしたらひとり、下ネタが多いと書いた生徒がいた。

小池　（笑）。

小谷野　しょうがないですよ。遊郭の話とかしなければ始まらないから。

小池　私の友達もそう言われてた。男の先生は大変だなと思います。

小谷野　女の先生でも困っている人がいましたよ。春画を教えたいんだけどセクハラになっちゃう。たとえば映画を見せる授業でも、このあとエロティックなシーンがあるから見たくない人は目をつぶってと早送りする。

小池　そこまで気を遣うの。
小谷野　今の大学はそうしないとやっていけないんですよ。
小池　そうなると、学生の創作なんかはどうなるのかしら。おとなしいものになるのかも。
小谷野　鶴田欣也先生はカナダで女の先生に今日は美しいね、と言ったらセクハラだと言われたそうです。
小池　『雪国』に対する感受性は今の学生にどのくらいあるのかちょっと疑問ですね。いやらしいところがあるもんね。

『眠れる美女』のモデル

小谷野　これは要するに駒子が名器だってことが書いてあるでしょ？　それを私、最近まで知らなかったんです。
小池　本当に？　だっていい女だね、と言われて泣いちゃったりしますよね。
小谷野　そう、いい女だねと言うでしょ？　これは岩下志麻が主演した映画では、「一年に一度会いにくる分にはいい女だって意味？」とかいうんですよ。
小池　あれ？　なんか変ですね。そういうふうに微妙に意味を変えちゃってるんですね。
小谷野　私はずっと知らずにいて、千葉俊二先生の論文で初めてわかった。それで川端研究者で『川端康成詳細年譜』を一緒に作った深澤晴美さんに言ったら、そんなことは最初からわかってますって言われた。

小池　（笑）。でも今、そういう解釈があるのかと思ってびっくりした。

小谷野　いやわからないですね。生半可な男じゃわからない。だって、まず、名器を知ったことがある男でなければ名器ってどういうものか知らないじゃないですか。

小池　知らないですよ。私だってもちろんそんなことわからない。ただ、世に流布していますね。本当にあるのかどうかも知らないけど。

小谷野　私は東十条の女（＊8）によってはじめて名器を知ったんですよ。

小池　よかったですね、小説家として。男として？

小谷野　（笑）。だから名器じゃない女の人と結婚して妻ひとりでいった人は生涯、名器を知らずに終わるわけですよ。

小池　川端はそういうことをあからさまに言語化してないけど、けっこう経験してたってことですか？　世の中にはこういうものもあるってわかってたのかしら。

小谷野　川端が最初の恋人、千代から「私には或る非常があるのです」と言われて別れた時は童貞だったと思います。川端は結婚まで童貞だったんですよ。これは証言者がいます。たぶん結婚したあとに越後湯沢に行くので、最初が奥さんで次が駒子だと思う。そこで名器に出会うんです。ちなみに『眠れる美女』のモデルは塙嘉彦（＊9）と結婚した。今でも生きてますよ。

小池　本当に？

小谷野　あれはラモールのチャコという、いわゆるホステスです。彼女は一時期、川端と塙とダブルで付き合っていた。それで川端が死んだあとか、川端と別れたあとかに塙と結婚する。でも塙嘉彦は早く死んじゃうんです。大江健三郎が、『「雨の木《レイン・ツリー》」を聴く女たち』の中に書いてます。それは知っている人が読めばわかる。というのは塙嘉彦の葬式をモデルにして書いているので、その奥さんが国際作家のファム・ファタルだったそうじゃないか、と書いてある。

小池　国際作家というのが川端のこと。

小谷野　なぜ私が知っているかというと、当時、川端の主治医だった栗原雅直（*10）という精神科医がいて、私が通っていた病院に現れたんです。さりげない顔で近づいて行って、実は『川端伝』を書いたんですけどね、と言って喋らせちゃった。やった！　と思いました。

小池　すごい取材力。そこに通いの先生として来たってことですか？

小谷野　本当に偶然なんです。私、栗原さんが生きてて現役だとは思わなかったですよ。もう八十五、六なんですけどね。

小池　小谷野さんもよく栗原先生だってわかりましたね。

小谷野　栗原さんは川端康成についての本も出していますからね。だから素知らぬ顔をして、いろいろ聞き出しました。

小池　すごいめぐり合わせでラッキーですね。

小谷野　それも才能のうちなんです。私はそれらを『文豪の女遍歴』に書いたので、たぶん知っている人はギョッとしていると思います。知っている人は知っているんです。まず大江健三郎は知ってます。だってガルシア＝マルケス（*11）から『眠れる美女』のモデルを紹介してくれと言われているから。
小池　ガルシア＝マルケスは同じ趣向で書いてますもんね。
小谷野　大江はガルシア＝マルケスをあまり評価してないので、紹介しなかったんです。できあがりを見てやっぱり紹介しなくてよかったと思ったと書いている。
小池　そうね、あのできあがりは『眠れる美女』とまったく違う。
小谷野　川端のもうひとつすごいところは自分より若い人の才能を見抜く力です。たとえば北条民雄についても、ものすごく正確なんです。つまり、あの人は実はたいしたことないんです。だけど「らい」ってことを打ち出せば受ける、ということが川端にはわかる。つまりどうすれば売れるかまでわかる。
小池　売れるとか、認められるとか。
小谷野　だって高見順に原稿用紙に書いた時と印刷した時の差異がまだわかってないですね、って言うんですよ。
小池　すごいアドバイス。
小谷野　大江健三郎も川端は才能を見抜いてた。三島はどうかな、言うほど評価していなかったかもしれない。
小池　女性の文学者の中では中里恒子さんはわりと川端に可愛がられたほうですか？
小谷野　川端は中里に『乙女の港』ともうひとつ代作させていて、戦後すぐの『まりあんぬ物語』のあたりまではつきあいがあったんですが、代作をしたってことの罪悪があるので、そのあと、疎遠になるんです。中里恒子が活躍しだすのは川端が死んでからです。

小池　芥川賞をとったのもその頃なんですか？

小谷野　中里は芥川賞を女性で最初にとってますから、それは川端の代作をしたあとで、当然川端の手が入ってます。川端は最年少で芥川賞の選考委員になってますから。

小池　そうなの⁉　なるほどね。

小谷野　だからそれはまさに、俺の女になれと言われて身を任せればそのあと出世できるみたいな話ですよ。

小池　本当だろうか？　わからない。

小谷野　（笑）。

文学は若すぎるとわからない

小谷野　私は一時期考えたのは『雪国』は雰囲気小説だということです。最後に火事になる。この火事は実際にあったんです。映画を写していたら、フィルムは燃えやすいので、繭倉から火が出た。それを使ったんですが、ただしここで葉子が飛び降りてきて、駒子が「この子、気がちがうわ。気がちがうわ。」（＊12）という。その意味がわからない。

小池　そうなの。だけど以前も、女は中年以降におかしくなるという話をしましたが、女の中には容易に何かのきっかけでおかしくなるような要素はみんな持っていて、川端はやっぱりそれに反応してたと思うんです。島村は葉子が痙攣《けいれん》したとか、飛び降りた場面を書いてますが、その遠近感もよくわからないですね。

小谷野　わからないですね。

小池　葉子の内生命、内側の生命が変形するその移り目のようなものを感じたとか、本当に悪魔を見ているみたいで、ゾゾゾッといいなあと思う。まさに死ぬ間際のようなところを葉子が漂っているわけでしょ？　そういうのを、じっとこの人は観察してる。

小谷野　私はこれは泉鏡花の『日本橋』の真似だと思う。泉鏡花の『日本橋』は清葉とお孝という二人の藝者が出てきて、お孝が五十嵐伝吾という変な男にストーカーされて、気が狂うんです。ただし伝吾にストーカーされて気が狂うんじゃなくて、伝吾の体が汚くて蛆がたくさんついているのを見たために気が狂ったという設定です。泉鏡花も変な人ですけどね。

小池　あれだけ衛生的な人だったのに、わざと蛆とか書くのね。

小谷野　鏡花のばい菌恐怖症もいろいろ変で、ばい菌恐怖症の人が藝者と結婚するのかと。

小池　多くの人と接触する商売ですからね。逆にそういうもののただ中に入っていこうとする気持ちもあるのかも。

小谷野　逆に言えば、藝者と結婚したからばい菌恐怖症になったんじゃないですかね。谷崎はもっと訳がわからない。谷崎はすごく菌が怖かったそうですが、それなのにあの人は浅草十二階下の魔窟へ女を買いに行っている。それで梅毒になっているんですよ。

小池　でも、性行為に関しては、いくら清潔とか言っていても限界がありますよね。ばい菌を飲み込むくらいの気持ちがないと、そもそも成立しない。まあいずれにせよ、性欲は、衛生観念なんて、ふっとばしてしまうものだと思いますよ。

小谷野　最初のほうを見ていると会話だけがあるからわからないけど、実はセックスしているところがある。

小池　会話だけで？　そんなところあった？　それは面白い書き方ですね。

小谷野　火燵《こたつ》の前で「手を離すと、彼女はさっと首まで赤くなって、それをごまかすためにあわてて また彼の手を拾いながら、『これが覚えていてくれたの？』『右じゃない、こっちだよ。』」このあたりは、もう布団の中でセックスしてるんですよ。

小池　ああ、そうですね！

小谷野　そのあとで、「いけないの。お友達でいようって、あなたがおっしゃったじゃないの。」です。すごいですよね。大阪大学で教えていた時に川端康成の『雪国』はみんな名作だと思ってるけど、「こいつが一番よく君を覚えていたよ」ってセリフがあるんだよと言ったら、女子学生がワッ！　と笑って、男子学生がきょとんとしていた。

小池　男子学生は未成熟。女子学生もほんとにわかっていたのかしら。経験していないとわからないところですね。

小谷野　明治大学で教えた時もそうでしたね。男子学生はわかってなくて、君のことを思いながらこの指でオナニーしたよ、と解釈してるんですよ。そうじゃねえよ！

小池　（笑）。まあ二十歳《はたち》前後は女の人のほうが成熟してますもんね。

小谷野　文学を教えるには二十歳というのはちょっと若すぎるんです。三十ぐらいにならないとわからない。

小池　そうですよ。文学は三十、四十、五十くらいから面白くなってくるからね。

川端の文章の悪い癖

小谷野　『眠れる美女』とかは川端の文章の悪い癖が出てるんです。

小池　『雪国』と比べれば、ずいぶん晩年の作品ですよね。『眠れる美女』には「夜の底」みたいな、ああいう臭い比喩はまったく影を出していない。

小谷野　臭いんですか（笑）。

小池　ちょっとね（笑）。けれども朦朧とした空気だけは動いている。

小谷野　前に朗読しててギョッとしたんですが、川端は同じ言葉を何度も使っちゃうんです。若い時からの癖なんだけど、『雪国』では書き直す時に注意したんでしょう。だけどちょっと気を許すと同じ言葉が何度も出てくる。

小池　緩みなのかもしれませんね。私だって同じ言葉が出ないようにけっこう考えますもん。でも最近はそういう同じ言葉を使っていても流れを作るためだったらいいのかなと思うこともあるんです。川端はやっぱり流れの中に命があるというふうに文章を書いたんじゃないのかしら。もう晩年に至っては、繰り返しもオッケーだなんて思ったのかな。

小谷野　それは川端の死んだあとに五味康祐《やすすけ》（＊13）が太宰治の口を借りて批判してるんです。あなたは語彙が乏しい、と。つまり大和言葉はうまいんだけど、漢文の素養がない。

小池　すごく面白い指摘ですね。川端は漢文をあまり読まなかった？　読めなかった？

小谷野　読めないことはないでしょうが漢文が体に入ってない。たぶんあまり読んでないんでしょう。たとえば里見弴はものすごく語彙が豊富です。そのくせして川端は漢文コンプレックスがあるからか、漢文言葉をね、仏界入り易く魔界入り難しみたいなのを、使うんですよ。

小池　ただ、大和言葉にしないと、流れって出てこないですよね。漢語はオセロのゲームみたいにポンポン置いていって、リズムはできるでしょうけど。川端はやっぱり流れだからね。

小谷野　『眠れる美女』は中編だけど、ものすごく時間をかけて連載してるんです。それはどういうことかというと一回がすごく短いんです。

小池　もう体力がなかったのかしら。

小谷野　いや、忙しかったんでしょう。一九六〇年一月から六一年十一月まで一年十一ヶ月かけて連載してるんです。

小池　ほとんど二年。この長さの作品で、二年というのはやっぱり一回分がそうとう短いね。

小谷野　ちまちまちまちま書いてたんです。

小池　いろんなことしながら書いてたのかな。それにしては一貫性がありますね。

小谷野　そのためにこの人は睡眠薬中毒になって、栗原さんのお世話になった。最後まで睡眠薬中毒が治らなかったですね。だから自殺も睡眠薬中毒のせいだと言われている。『眠れる美女』

の女のモデルは、川端と有馬頼義《ありまよりちか》（*14）のところへ睡眠薬を運んでたんです。つまり睡眠薬を家族がやめさせようとするので、特に有馬のほうはそうなんだけど、薬屋を出入禁止にすると、この女が睡眠薬を運んでくるんです。

小池　川端も際どいところを歩いてましたね。

小谷野　あれはしょうがないですね。文学者ですからね。

小池　もわーっとした感じがあるじゃないですか。それはやっぱり睡眠薬の後遺症っていうのかしら。

小谷野　そうですね。『古都』を書いた時は睡眠薬中毒がひどくてあとでだいぶ直したみたいです。連載中にはデロデロになっちゃったので。

小池　それがうまい具合に出てる時もあるんでしょうけどね。

小谷野　もちろんそうです。

小池　だから覚醒って感じはしないのかな。

小谷野　前に北村薫さんの本（*15）を読んでいたら、折口信夫はコカインをやってたらしいです。

小池　あの人ももわーっとしてますもんね。

小谷野　コカインをやってるから折口の『古代研究』って意味がわからないんだってことがよくわかりました。

小池　（笑）

小谷野　あれはラリって書いているんです。アメリカや英国の歌手とかみんな薬をやるでしょ？

「ボヘミアン・ラプソディ」なんてそれこそ麻薬をやらなきゃ出てこない。名作ですけど。

珍作・傑作・失敗作

小谷野　戦前に川端は『女性開眼』というのを書いています。来日したヘレン・ケラーに感動して目の見えない女の子の目が手術であくということを書いた小説です。そのあとに「美しい旅」という作品で、盲聾唖の女の子を書こうとしたんです。それで、この前亡くなった秋山ちえ子（＊16）というエッセイストが当時、聾唖学校の先生をやっていて、川端が取材に行ったんです。そしたら川端は秋山ちえ子に惚れちゃったらしい。

小池　きれいな人ですものね。

小谷野　そのあと秋山ちえ子が結婚して北京に行っちゃうんですよ。そしたらがっかりして、連載を続ける気力も失った。

小池　（笑）。それで完結しなかったんですか？

小谷野　それが最初は「美しい旅」だったのが、中絶して、後に「旅への誘ひ」という主人公が北京へ行く話に変わっちゃった。

小池　（笑）。完璧に惚れちゃったんだ。

小谷野　だからすごい惚れ方なんですよ。

小池　面白いですね。そうやって動いていっちゃうのね。

小谷野　結局、盲聾唖となると教育はかなり難しいんです。ヘレン・ケラーは特殊な例ですからね。その話を秋山ちえ子から聞いて困ったのと、秋山ちえ子に惚れちゃったのとで、ただ女の人が北京のほうを旅するという不思議な小説になっちゃった。

小池　面白いね（笑）。でも確か川端はおじいさんも目が見えなかったでしょ？『掌の小説』にも目の見えないおじいさんのことが出てきて、私はあれが一番感動したかな。おじいさんは目が見えないのに何かおじいさんに見つめられているような感覚を川端が受けるというような話。川端はだから目が見えなかったり耳が聞こえなかったりするという状態に、すごく感受性が開いてますよね。自分の分身、自分のことのように感じる感受性があるというか。

小谷野　『愛する人達』もものすごく好きだったです。『千羽鶴』はちょっと失敗したやつですけど。

小池　失敗作ですか。

小谷野　『千羽鶴』は最初に若い男がお見合いをして、その世話をした奥さんのところへ寄ったら、そこで奥さんとセックスしちゃうという話なんです。これを川端はなぜ書いたのかというと、『細雪』を書いた谷崎が有閑階級夫人の乱れた生活を書こうと思ってたと言ったんです。たぶんそれで思いついて書いた。だから谷崎は取ったなと思った。谷崎と川端はだいたい仲悪かったですね。ずっと。

小池　「片腕」もいいですね。

小谷野　小池さん、「片腕」の真似みたいな小説を書いてたでしょ？

小池　『裁縫師』に入っている。意識してなかったんだけど、あとで気付きました。あれ、川端の「片腕」ですね。
小谷野　小池さんの小説を読むと子供時代が美化されている。
小池　そう？（笑）
小谷野　親子四人で住んでいた時代がものすごく美しいものに描かれていて、その後が失われた時代になっちゃっているんです。
小池　現在に至るまで、大変なことも色々ありましたからね。妹からはそういうことは書くなと言われている。フィクションにしても、書かれるほうはわかるし、傷つきますね。
小谷野　妹さんから言われると辛いですね。『裁縫師』の最後に載っていた短編の「野ばら」がすごく寂しかったんですよ。もう父はいなくなったみたいな話です。
小池　父が生きている頃に書いたものですけどね。
小谷野　すごい喪失感を抱えていると思いましたよ。
小池　なるほど。喪失感ですか。思い当たるものがないわけではないです。小谷野さんは鋭い。
小谷野　「裁縫師」はロリコン向け小説なんですか？
小池　狙ったものではないです。しかしあれはけっこう危ない小説ですね。「裁縫師」で何を書きたかったかというと、洋服を作る時に採寸するでしょう。着る人の体のサイズを測る。あの時間を書きたかっただけなんです。しかし結果として、けっこう危ない設定になってしまいました（笑）。

小谷野　小池さんの小説ってわりあい、すぐ男と寝ちゃう女の人が出てきますよね。
小池　（笑）。
小谷野　『転生回遊女』みたいに。
小池　そう。あれはまさに、性において解放されていく女性を書きたかったんですけどね。うまく書けないいんですよ。
小谷野　それがまた不思議と小池さんが書くとちっとも淫らじゃないんですよね。
小池　恐れ入ります。もっと淫らに書けたら官能小説として売れるはずなんですけどね。
小谷野　そうです。

『鍵』『瘋癲老人日記』がわからない

小谷野　私は『瘋癲老人日記』がどうしてもそんなにいいとは思えないんです。この颯子のモデルになったのは渡邊千萬子さん（＊17）で、私は会ったことがあるんです。わりあい早いうちに小田原の高級老人ホームに入って、すごくしゃきしゃきした人でした。千萬子は画家の橋本関雪の孫で、松子の連れ子の妻です。そんな美人ではないんだけどちょっと現代風で、ミステリーなんか読む。それで谷崎は惚れ込んじゃった、谷崎は女がいないと生きていけない人ですが、手近で済ますんです。
小池　（笑）。

小谷野　二十年くらい前に、『谷崎潤一郎＝渡辺千萬子往復書簡』というのが出たんですけど、それを読んだら谷崎がメロメロなんです。あなたはものすごく才能のある人だとか言うわけです。別に才能なんてなかったと思うんですけどね、結局。その書簡集のほうが『瘋癲老人日記』より面白いんですよ。『瘋癲老人日記』で、颯子に頭の上に足を乗せてもらう。あれは『瘋癲老人日記』に書いたあとに、実際に千萬子にやってもらった。結末で老人を殺すかどうかも千萬子に相談している。千萬子の狙いはそれこそ『瘋癲老人日記』にキャッツ・アイが出てきますけど金なんですよ。松子が怒ったのは結局、金、金、金。千萬子は金ばっかり。

小池　『瘋癲老人日記』でもそういうふうに描かれていますね。

小谷野　というわけで谷崎は死ぬ二年前くらいに、千萬子と手を切るということで約束をさせられるんです。だから千萬子からの手紙に、おじさまなぜ返事をくださらないんですか？　と書いてある。

小池　『瘋癲老人日記』は好きな人は好きなんでしょうけどね。私は『鍵』のラストはなかなか面白いなと思いました。木村の計画では今後、適当な時期を見て敏子と結婚した形式をとって、奥さんと娘の敏子、そして木村と三人で暮らす計画が描かれている。敏子は世間体を繕うためにあまんじて母のために犠牲になるということになっている。敏子という娘はそんなきれいじゃなくて、最初は自分と木村が結婚するような設定で会わせられたにもかかわらず、木村とお母さんができちゃう。それで敏子は利用されただけの娘なのかと思ったら、最後に敏子の異常性というか悪魔性がうわっと出てきてすごく面白かった。

小谷野　『鍵』は連載の途中でわいせつ文書だと国会で話題になったりしました。敏子のモデルは松子の連れ子で谷崎の養女の恵美子さん（＊18）だと思うんです。ちょっと太っているんだけど、あの人はテレビドラマで『細雪』をやった時に雪子役を演じているんです。彼女は演劇活動をしていて、武智鉄二の世話で能まがいみたいなことをやっていた時に、谷崎先生の娘がヌードになったと週刊誌に書かれた。実際は他の人に間違われただけでヌードにはなってないんです。結婚に時間がかかって何度も見合いをしているし演劇活動をやっているのも反対だし、谷崎は恵美子にけっこう苛立ってた。結局、観世栄夫と結婚するんですが、観世栄夫は最後にガンなのに愛人を乗せて車を運転して事故を起こして、愛人が死んじゃうんですよ。

小池　愛人だけが死んだんですね。

小谷野　もちろん自分もガンだからそのうち死んじゃって、恵美子さんもそのあとに死んじゃう。だから恵美子さんはけっこう悲惨だったんです。恵美子さんには子供がいるんですが、実は松子が膨大な借金を作っちゃったために、谷崎の著作権は今は弁護士事務所か何かの預かりになっている。

小池　自分のことで蕩尽したんですか？

小谷野　服です。松子は人気者になったでしょ？　しかも、みんな美しい美しいと言うし。まるで理想の女性のように思われているけど全然そうではない。木村のモデルは末永泉（＊19）かなと思うんです。戦後、谷崎のところに来ていた秘書の男です。すぐにモデルから考えるのは私が伝記書きだからしょうがない。

小池　じゃ、まさにぴったりじゃないですか。木村は秘書ではないですけどね。

小谷野　谷崎は男には興味がない、同性愛の気がないと言われていたのに、末永泉はちょっと美青年だったので、「え？　君が谷崎さんとこに？　へえ」と言われたと書いている。私もだんだん年を取ってくると美青年に興味を持つようになりました。

小池　ほんと？（笑）。

小谷野　YouTuberのみずにゃんというのが好きです。男なんですけど。

小池　（笑）。男の子で美貌で頭がいい子がいいのね。

小谷野　そうです。どうやら私は藤原竜也みたいなのが好きらしい。

小池　あらそう。私は藤原竜也の美はわからないですね。彼は男に好かれる男なんだね。小谷野さん、次の小説ではそういう男の子を書いてもいいじゃないですか。

小谷野　ただね、いくらみずにゃんが好きでも裸になって抱き合うことは想像できないです。手元に置いておいて愛でるぐらいですね。

小池　川端の作品と比べると、谷崎のストーリーのあるこういう作品はどんなに悪魔的なことを書いてもわりと穏当に見えちゃう。普通に見えちゃう。

小谷野　川端と比べて？　なるほどね。それは芥川龍之介もすごく若い時に書いてて、谷崎は悪魔派とか言われているけど、テオフィル・ゴーチエ（＊20）みたいで、全然おどろおどろしくない。

小池　そうなの。

小谷野　それは芥川が正しいです。特に大正期の谷崎は凡作の連続ですからね。

小池　小谷野さんにとって谷崎の傑作はなんですか？

小谷野　それは『細雪』です。あの時に住んでいた魚崎の家を見ると小さいんです。今でもあって、私は二回くらい行ったんですが、そこはちまちましていて、『細雪』を読んで想像する邸宅じゃないんですよ。

小池　それが谷崎の筆の魔力で絢爛《けんらん》に書かれているのね。

小谷野　しかも雪子のモデルだった重子は別に美しくないんです。

小池　雪子はいい感じに書かれてますよね。

小谷野　さらに松子だけはいくらか美しいけど、他の二人は、特に一番下の妹の妙子のモデルだった人はなぜこの人と駆け落ちするんだ？　というような人なんです。だから自分の頭の中での妄想劇ですよね。自分は妻の美しい姉妹と一緒に暮らしているんだという妄想。

『蓼喰う虫』のモデル

小池　私は『蓼喰う虫』は好きなんです。

小谷野　それはちょっと聞きたいです。私は『蓼喰う虫』が、いまだによくわからない。まず最初に英訳されたのはこれなんです。『Some Prefer Nettles』という題でした。一応、モデル的なことを言うと、最初、妻を譲ろうとしていた相手が佐藤春夫だと思われていたんです。ところがその後、和田六郎という青年だったということがわかった。そうすると他の男に譲る話に反対する高夏秀夫が佐藤春夫なんです。ということを谷崎の末弟の終平が明らかにした。和田六郎は後に、推理作家の大坪砂男(*21)になりました。なんで佐藤春夫に師事して推理作家になったのかそこも変ですけどね。これは新聞連載なんですけど、ものすごく休みだらけなんですよ。当時は、新聞連載は平気で休めたんですね。

小池 毎日だもんね。厳しいですよ。

小谷野 アラビアン・ナイトの洋書を取り寄せてエロティックなところの挿絵だけ見るっていうのも実際に谷崎がやったんです。私はこれをやっていた当時の谷崎の生活にものすごく憧れていましたね。だって『卍』とか書いて、それを大阪弁に直してもらうために大阪府女子専門学校、後の大阪女子大の学生が岡本の家に来るんですよ。その中から、第二の奥さんの古川丁未子が現れる。なんと豪華なんだと。

小池 (笑)。私は小谷野さんとは違う意味で、方言を直してもらうために、誰かを使って書くっていうのに憧れる。方言を作品の中で使ったことはありますか?

小谷野 あります。『弁慶役者 七代目幸四郎』の中で、徳富蘇峰が熊本弁で喋るんです。それは熊本出身の妻の母に直してもらいました。

小池 方言は作品の要ですもんね。

小谷野 方言はその土地の人に直してもらわないとダメですね。藤沢周平が長塚節を書いた『白き瓶』の方言が間違っているんです。だからわざわざ私は一時期、ツイッターの固定プロフィールに、茨城弁が出てくる小説を書く人は私の校閲を経ること、と書いていた。茨城弁と言っても、私の場合は西のほうですけどね。

小池　厳密（笑）。

小谷野　『蓼喰う虫』はすごく豊富な単語が出てきます。これがいいとも言えますね。二番目の場面になると、淡路へ人形浄瑠璃を観に行く。私も行きたいと思ってるんですがまだ行ってないです。

小池　私は東京に出張してきた、淡路人形芝居を観たことがあります。

小谷野　これは妻の父親とその妾と一緒に行ってますね。

小池　変なグループなんですよ。

小谷野　現代では考えられない。

小池　本当に了解している人達の物語ですね。そこにすごい成熟がある。私達はそんな前提を許せない、とんでもないと思ってしまうんだけど、この人達はみんなわかってて、そこを認めている。

小谷野　谷崎が関西で親しくしていた、妹尾健太郎という青年がいて、この人が金持ちで女道楽の人だったんで、たぶんその辺から取ってきたかと思います。岩波文庫版の『蓼喰う虫』に入っている挿絵は新聞連載時の小出楢重のものです。岩波文庫には『小出楢重随筆集』というのもあって、編纂しているのが芳賀徹先生です。『蓼喰う虫』には最後に神戸で西洋人の娼婦に会いに行く場面があるのですが、これにもモデルがいるらしいということが小出楢重の息子の本に書いてありました。モデル詮索ばっかりしてますけどね。結局、その三つの場面が全体として分裂してると言われているんです。

小池　そうなんだ。

小谷野　新潮文庫版は細かい注解がついてますね。これは細江光先生（＊22）という、甲南女子大にいた人が書いた。細江さんは谷崎の権威でこの人に聞いたらなんでもわかる。ただこの人の注は人によってはネタバレになると言われる（笑）。

小池　注って本当にものすごく楽しみ。宝箱みたい。

人形浄瑠璃は痴呆の藝術

小谷野　人形浄瑠璃がわりあい、ここでは重要な役割を果たしていますが、小池さんは人形浄瑠璃は好きですか？

小池　私は好きです。定期的に通ったりするようなことはなくて、何回か観たことがあるという程度ですが、人形って悲しいんですよ。人間がやるよりも。人形の顔と、演じているかくかくとした動き、あの逆に抽象化された動きから生《なま》なものが出てくるような感じがしてね。

小谷野　私はダメなんです。

小池　人形はどうしてダメなんですか？　歌舞伎とかならいいの？

小谷野　そこは微妙なんですが、谷崎は戦後になって「所謂痴呆の藝術について」という随筆を書いているんです。要するに人形浄瑠璃は痴呆の藝術であると。

小池　（笑）。人形がダメなの？

小谷野　そうではないです。筋です。だって「寺子屋」なんてのは「いずれを見ても山家育ち」とやるでしょ？　これを谷崎は忠義に凝った殺人鬼だというんです。谷崎はそういう子供を犠牲にして身代わりするみたいな話が嫌なんです。谷崎の当時は東京では人形浄瑠璃を観られなかった。

小池　大阪ですか？

小谷野　そうです。大阪に行って初めて。まあ、東京に出張することもあったんですけどね。当時、東京では明治期から大正にかけて娘義太夫というのがあって、美人の娘が肩衣をつけて、「かかる所へ春藤玄蕃」とやっていたわけです。それを「どうするどうする」と学生が囃《はや》し立てていた。谷崎はこんな『蓼喰う虫』を書くから人形浄瑠璃の味方だと思われてるんだけど、これはかわいいけれど因果と白痴の文化であって、だから決して世界に向かってわが国が誇る文化であるなどと言うべきではないと言っているんですよ。

小池　そんなふうに書いてるんだね。味方だと思っちゃった。確か大阪の元市長も、二度目は行かないとか、そんなようなこと言ってましたね。

小谷野　橋下徹は私の本を読んでいるんじゃないかと思います。

小池　それで彼はあんな否定的なことを言ったのかしら。

小谷野　阿部次郎（＊23）の『徳川時代の藝術と社会』という本があるんですけど、徳川時代の藝術というものは、フランス革命みたいに自分で立ち上がって権力を握ることもできない町人達の生み出した歪んだ文化だ、という言い方をしているんです。私はやっぱりそう思う。たとえば遊女と恋したりするでしょ？　あれも変ですよ。

小池　そう？　ありえない？

小谷野　だってまずは素人娘との恋があるじゃないですか。なんで恋の相手が遊女になるのかというと、やっぱり私はかなり疑問です。

小池　一種の型でしょうか。遊女との恋。そこは私は……あまり気にしていませんでした。

小谷野　それを理解するんですか？　それはすごいですね。女の人でそういう人ってちょっと珍しいですね。

小池　遊女と恋もありと思っていましたから。

小谷野　「も」ありならいいけど、そうじゃなくて遊女がメインになっちゃうでしょ？　でなきゃ藝者とかね。要するに売り物買い物じゃないですか。そんな売られてるところへ行って、恋とかおかしいじゃないですか。

小池　かけ離れたところ、距離があるところにあえて橋をかけて恋を演出する。素人娘じゃ、距離が近いですから。一種の劇的な演出と考えれば、確かにそれは歪みかもしれませんが、見た目華やかでありながら哀しく未来が閉ざされている遊女との恋は、芝居になりそうです。

小谷野　『源氏物語』だったら別に遊女じゃないですよね。あれを遊女みたいなもんだと言っている井上清みたいな人もいるんだけど、一応、高位で貴顕の女の人です。だけど売り物買い物で親に売られてきたのを指切ったり、ああ気持ち悪いという感じです。

小池　（笑）。人形浄瑠璃の筋の話はさておき、宇野千代が人形浄瑠璃の人形について書いている『人形師天狗屋久吉』というのがあるんです。それを読んだ時に惹かれるものがすごくあったんです。人形って、まぶたを閉じたり開けたりするのも、作用、仕掛けで開けるじゃないですか。あの人形がまぶたをかくって閉じる時に、本当に死んだようになっちゃうんです。パチッと開けている時は生きて踊ってるんだけど、あれをパチッと閉じちゃうと、ふーっとそこに吸い込まれるような、魔境的な何か、本当に命がなくなったようなものを感じたということを宇野千代が書いている。私もそう思ったことがあって、だから人形に惹かれるというほうが大きいのかもしれない。

小谷野　そうですね。人形が好きなのと、人形浄瑠璃がいいかというのは、また別なんですね。しかし文楽人形の女の顔はみな同じなんです。そういうところに女性観の浅さは出ていますね。私は小学五、六年の時に辻村ジュサブロー（現・寿三郎）の『新八犬伝』を見て、こういう日本の古典の世界に入った人間なんです。

小池　ああ、『新八犬伝』やってたね。

小谷野　私はジュサブローさんは文化勲章をもらってもいいくらいに思ってますけど、あの人は左翼なのでもらわないと思います。昔、付き合っていた人が辻村ジュサブローさんの人形に似ているんですよ。

小池　あら（笑）。面白い話。小学五、六年の頃に刷り込まれたジュサブロー人形が、女性像の原点にあるんですね。女の人の面影に人形を重ねているんじゃない？

小谷野　そうです。

小池　いいじゃない。人形愛だ。

小谷野　そうです。昔、テレビ番組の長いＣＭで水上勉が越前竹人形を語るというものがあったんです。そこで流れる音楽が『ローエングリン』の「第三幕への前奏曲」で、これが合ってたんですよ。もう一遍見たいと思うくらい素晴らしかったです。

小池　ああ見てみたいですね。何を語っていたんだろう。

小谷野　水上勉の『越前竹人形』は谷崎潤一郎が絶賛したんです。毎日新聞に三回にわたって「『越前竹人形』を読む」というのを書いたんです。第一回で水上勉は狂喜して新聞社に行って続きを見せてもらった。しかし水上勉もまたもてる人で、ものすごい美男ですよ。今でもいるのかもしれませんが、昔は美男がいましたね。吉行もそうだけど、水上勉も。

小池　私、吉行淳之介はそんな美しいと思えないけど、水上勉はすごい……。

小谷野　若い頃の水上勉はちょっとやばいですよ。それにしちゃ苦労したなって感じですね。

小池　だから後々、そりゃ講演すれば女の人達が泣いちゃいますよね。

小谷野　金閣寺に火をつけた人は、水上勉の知り合いでしょ？

小池　ああ、それ読んだことありますね。だから水上勉も金閣寺について書いてますね。

徳川時代の藝術は歪んでいる

小谷野　かわいいけれど因果と白痴、みたいなのを愛してしまう、そういうところに、この『蓼喰う虫』の魅力があるかもしれない。
小池　そういうところはあるかもね。
小谷野　私は三十代の頃、長いこと徳川時代の文化については格闘したんです。だからどうしても私にはいいと思えないところがあるんです。そこからとうとう抜け出して、やっぱりこれは歪んだ藝術だっていうところまで辿りついたんですよ。ルソーやボーマルシェを生んだ西洋に比べて、なんとダメだったんだ日本はと思う。でも日本の人面藝術、仮面藝術の発展というのは素晴らしいものです。特に浄瑠璃の人形もそうだけど、能面とかもそうです。それがウルトラマンとかにつながっていくんですよ。
小池　(笑)。そうかも。本当、ウルトラマンにつながっているかも。
小谷野　あと、ご存知ないかもしれないですが、ジャイアントロボというのがあって、ものすごくいい顔をしているんですよ(写真を見せる)。なんか悲しみを湛えているでしょ？　この顔。
小池　そうね。亡くなられた作家の小川国夫さんのお顔みたい。
小谷野　小川国夫もいい男ですよね。なんですかね、小川国夫とか辻邦生とか、おかしいですよ。辻邦生がそのへんにいたら怖いですよ。

小池　（笑）。
小谷野　あれやばいでしょ、女の人は。辻邦生がそのへんにいたら。
小池　辻邦生は写真で見ると、あまりにも端正でなんにも感じないですけどね。
小谷野　丹羽文雄だって、超いい顔。
小池　丹羽文雄もハンサムですよね。確かに。
小谷野　なんでそんなハンサムなのに作家になるんだって感じです。
小池　ほんとね。高見順だってすごいハンサムだしね。
小谷野　人形浄瑠璃は、『曽根崎心中』は最初、上演された時に当たったは当たったんですけど、その後、ずっと再演されなかったんです。
小池　なぜでしょう？
小谷野　話が単純すぎる。だから、あれが再演されたのは戦後で、宇野信夫が悪人がつかまるところを書き足したのを、歌舞伎で最初にやったんです。そのあとに人形浄瑠璃がそれを使って上演して、今でもそれを上演している。五、六年前に、原典通りの上演を人形でやったことがあったんですけど面白くなかった。
小池　そうなんですか。『心中天網島』は富岡多恵子さんが脚本を書いて映画にもなってますすね。
小谷野　『曽根崎心中』は戦前にはあまり知られてなくて、『天網島』こそが名作とされていた。でも、そういう近松ものの映画化は私は見ても面白くないですね。どうしても心中が好きじゃないんです。

小池　なんでそんな嫌なんだろう。私はただそういう死に方もあるって思っちゃうんだけどね。まあ西洋ではありえないですからね。殺人ですものね。

小谷野　自殺はキリスト教では禁じられていますからね。だって『失楽園』のつながったまま死ぬとか、そういうのいいと思いますか？

小池　あれは私にはまったく理解できないですね。

小谷野　心中だって嫌な感じです。ちゃんと逃げればいいのにと思いますよ。逃げられないのもわかるけど。だいたい近松の浄瑠璃を見ると、男のほうに死ぬべき理由があるんですよ。女は付き合っているだけなんです。私はそれが嫌なんです。

小池　もしかしたら、遊女のほうはいつ死んでもいい、というような認識のもとに描かれたものなのかもしれないですね。人生のどん詰まりにいるってことなのでしょうけど。それはそれで酷いですよね。

小谷野　それはまさに人身売買が生んだもので。『冥途の飛脚』もそうですね。この前も学生に言っておきました。徳川時代の藝術というのは歪んだものだと。まあ何とも思わないみたいですけどね。だから歌舞伎でも心中ものは好きじゃないです。まず近松門左衛門が嫌なんです。

谷崎は生の作家

小谷野　谷崎先生はエッセイがいいんです。『陰翳礼讃』はそれほどでもなくて、『恋愛及び色情』や「饒舌録」。あと「三つの場合」がいい。自分の知っている人、三人の死に様を書いているんですが、谷崎は生の作家なんです。谷崎は死ぬのがものすごく怖かった。だから谷崎が人の死を描くと、生の側から見た死にしかならない。でも川端は死のほうがわかる。

小池　そうなのよね。だから谷崎の健康さが私はちょっと鼻につくというか、うるさい感じ。

小谷野　私は死ぬことを考えている人間って嫌いなんですね。

小池　私自身は死ぬことなんて考えてないですけど、川端の書き方はいいな。

小谷野　川端はいいですけど、いや、今いるんですよ。若い人でメンヘラで死ぬってやたら言う人が。私は、自殺しようとしている人がいても止めないです。飛び降りるとかいうのは人に迷惑だからやめてほしいと思うんだけど、薬を飲んで死ぬとかだったら死なせてやれよと思うんですよ。

小池　表明されると困りますよね。小谷野さんは止めないんですね。

小谷野　ただ警察官とか駅員とかは職務上止めなきゃいけない。私は人が死んだ時に自殺だと安心しますね。まあ自分で選んで死んだんだからいいんじゃないかと。もちろん病気で苦しんで死んだとかならかわいそうだと思いますけど。それとは関係なく芥川みたいに死ぬのはね。つまり私は芥川が嫌いなんです。芥川好きですか？

小池　好き。

小谷野　芥川が好きな人が多いですからね。

小池　あの人は俳句もうまかったしね。ただその俳句、あまりに切れ味がよすぎてきれいすぎるし完璧で怖い。だから「河童」とか破綻しているところがいいです。すごいなと思っちゃう。
小谷野　私は初期の今昔物語集から取った作品、「杜子春」とか元ネタがあるやつは、お前のオリジナルじゃないだろうと思っちゃうんです。
小池　だけど「トロッコ」とかいいじゃないですか。
小谷野　「トロッコ」はいいです。だけど「トロッコ」だけです。
小池　だけって（笑）。そうですか？　私、「トロッコ」は本当によくできた作品だと思う。
小谷野　「河童」というのはなんだか……。
小池　「歯車」もいいじゃないですか。「河童」もいいし。
小谷野　病んでますよ。
小池　「年末の一日」もいいじゃないですか。年末に胞衣会社の車を押すんですよ。いい設定だなぁと思って。
小谷野　「ピアノ」というのがいいですね。芥川が死んだ時に谷崎が、あんなに気が小さくては生きてはいけなかっただろうと言ったんです。私はそこが嫌なんです。気の小ささ。
小池　それは気が小さいって書いたんですか？　気が細いとか繊細とかではなくて。
小谷野　弱い。だって、たとえば島崎藤村の悪口を書いてたでしょ？　あれは死んだあとに残った遺稿の「或阿呆の一生」に書いてあるんです。そうやって死んだあとに残すって嫌なやつだなあと思うんです。だって、藤村が反論しても相手がいないわけですから。そういうびくびく生きているという感じが嫌なんです。

小池　でもあれは芥川が健全な家庭の中に育ってなかったせいもあるんじゃないですか。

小谷野　そうですよ。あの人はお母さんも気が狂っている。

小池　だからそういうふうになっちゃったんじゃないかしら。

小谷野　だからそれが嫌いなんですよ。秀しげ子というなんだか美人でもない女と不倫してね。それでびくびくしてね。谷崎だったら書いちゃいますよ。

小池　確かにそういうところは全然違いますね。

小谷野　ただ谷崎も実は不倫したことがあって、いとこの妻とやっちゃって、その時はびくびくして逃げ隠れしてたんです。

小池　そうですか。よかった。私もそう思うわ。谷崎だってびくびくしてると思う。

小谷野　それはしてるんですよ。だけど、芥川のように死んじゃったりはしない。しかも自殺する時に最初、平松麻素子を呼んで心中しようとするんです。それで断られた。

小池　ああ、その話読みました。

小谷野　それで最後にひとりで死んじゃった。なんか情けないなと思う。

小池　そういう情けなさを透かして、「木がらしや目刺にのこる海の色」なんかを読んでみると、また違う味わいが出てきそうです。

みんな谷崎が好き

小谷野　小池さんは関西への憧れとかあります？
小池　ありますよ。関西は言葉が全部曲線じゃないですか？　関東、東北はすべてがすごく直線的だから、関西のすべてのものが曲がって曲がって行くような文化って、言葉を代表して、あれは魅せられます。リズムといい。音楽だからね。谷崎もそうだったんじゃないかな。
小谷野　道頓堀辺とか行ったことあります？
小池　ありますよ。宮本輝の『道頓堀川』とか、川の三部作は本当に言葉が、方言が素晴らしかった。
小谷野　でも住んだことはないですよね。
小池　住んだことはない。住んでみたいです。関西は嫌ですか？
小谷野　私は大阪に五年いたんです。
小池　大阪の大学で教えていたんですもんね。
小谷野　ただまあ大阪は嫌でした。震災の時にもいたんですが、喫茶店に入るとおばさんが「命より金儲けのほうが大事や」というんですよ。
小池　いいですね（笑）。
小谷野　嫌ですよ（笑）。それはやっぱり旅行者の目ですよ。住んでてごらんなさい。怖いから。

小池　それはそう思いますね。

小谷野　阪神尼崎なんかだとホテルからちょっと外へ出ると「お兄さんお兄さん」って寄ってくるんですよ。「ええ子おまっせ」。

小池　やっぱり住んでみたい。そういう怖い思いをしてみたいな。

小谷野　本当に怖かったです。難波へ行って、「兄さん、千円で覗き部屋どうでっか」と言われて店に上がったら真っ暗な中に連れて行かれた。本当に真っ暗なんです。そこへ女の子がやって来てろうそくを立てて、「あの……追加で七千円もらいます」。

小池　（笑）。お金のことはしっかり告げるのね。

小谷野　怖いから七千円払うと、「このあと来ますから」って行っちゃって、また真っ暗な中に取り残されて、とうとう逃げ出したんです。あんな怖かったことはない。

小池　お金を払って逃げちゃった（笑）。

小谷野　大阪辺の風俗関係ではいろいろ怖い目にあいました。京都はDX東寺劇場というストリップ小屋があってよく行きましたね。ただまあ、なんかストリップもさすがに飽きますね。谷崎はストリップが好きだったんですよ。

小池　女の私にはわからないですが、どこが面白かったんですかね。私は谷崎は筋をがしがしと追って読ませるようなものが多いと思うのですが、『蓼喰う虫』は最後がすごく楽しかった。それと、夫婦という、本来はゆるぎのないひとつの制度の中でいろんなことが起きる、という設定自体が面白かった。ものすごく成熟した人間達が出てきて。倉橋由美子や河野多恵子もそうですが、夫婦ってすごく怪しいものじゃないですか。恋は終わってもつながっている。その点、結婚していない、純粋な恋人同士の話ってたかがしれてると思うんです。でも夫婦の闇とか、夫婦というものって、すごく奥が深くて恐ろしい。そこにはまやかしやごまかしもある。小説に発展する余地がたくさんあるような気がする。

小谷野　『山の音』がそうでしたね。結局、夫が浮気をして、夫婦仲がまずくなって舅が心配しているんだけど、結局最後は元に戻る。夫婦の沼というか。

小池　そう、また元に戻っていく。傍から見ていると全然変わっていない。あるいは何が行われているのかわからない。河野多恵子だってそういうのいっぱい書いていますよね。夫婦を交換したりね。倉橋由美子も書いてますね。『夢の浮橋』のシリーズは大好きでした。

小谷野　ただ、谷崎の最初の奥さんの千代というのが今ひとつちょっと謎なんです。というのは結局佐藤春夫に譲られるわけですから、そんなに魅力的でない人ではなかったんです。千代は文化勲章受章者二人と結婚した女と言われているんですが、谷崎が不満だったというのは、何なんですかね？　あの女はラブシーンができないんだとか谷崎に言われていましたが。たぶん、要するにベッドに入った時に……。

小池　情緒がない？

小谷野　うまいセリフとかが言えない。つまりマグロなんです。

小池　（笑）。そこのところはわからないですね。

小谷野　でもなぜその人が、マグロが佐藤春夫はよかったのか。でなければ年を取ってよくなってきたところで佐藤春夫に譲ったのか。

小池　でも譲る譲られるってところには、同情とか恋愛以外の感情もあるわけだしね。

小谷野　佐藤春夫が谷崎を好きだったたと思うんですよ。

小池　ああ確かに。そういうことはあるでしょうね。

小谷野　谷崎を好きすぎて谷崎の奥さんまで欲しくなった。芥川も谷崎が好きだった。みんな谷崎が好きなんですよ。みんなで谷崎に愛されたいと思っている。あれすごいですよ。

小池　そうかそうか。それだけ大きいんですね。

小谷野　谷崎は魅力的だったんでしょうね、きっと。

小池　男にとってもね。女にとってはどうだったんだろうな。

小谷野　女にとってはどうだか。ただね、やっぱりね、昭和初期の谷崎っていうのはすごい名声が高かったんですよ。円本でも第三回配本が谷崎潤一郎集ですからね。

夫婦の沼

小池　夫婦というのは演じるというのが意外に多い。夫婦になってしまえば、一種の密室が作られるわけで、密室の中で互いに実は演じているというところが、小説の虚構っていうものとうまくマッチするんじゃないかな。だから変な話ですけど、自由恋愛っていうのは逆にあんまり面白くなくて、現代の口語自由詩、いわゆる現代詩がパッとしないのに比べて短歌とか俳句のような定型詩のほうがむしろ生き延びていく、というのに似ていると思うんです。その定型にあたるものが夫婦にもあって、夫婦とか結婚生活とかの制約、そういう枠があるということがエロスに何か大事な要素をもたらしてくれるような感じがするんですね。私なんか題材として、自由恋愛の男女よりもよっぽど夫婦のほうが淫靡《いんび》で面白いような気がするんです。だから、個人的には、A子さんとB男くんが出会って恋に落ちて、というのがなかなか書けない、書きにくいです。

小谷野　でも谷崎はそれが嫌だった、沼になっていくのが嫌だったわけですよね。

小池　そうでしょうか？

小谷野　それで別れたんです。

小池　じゃずっと恋愛したかったってこと？

小谷野　だから松子との間に子供を作らなかった、というのもそれでしょう。

小池　恋愛状態を続けたかったから？

小谷野　夫婦の沼になりたくなかったんですよ。結局、恵美子がいたためにちょっと夫婦っぽくなりかけた。

小池　だけどその泥の中に浸りながら、恋愛を外に出かけていってはして、また沼に帰ってくるような、そういう生き方もできたわけじゃないですか。

小谷野　つまり、その時は谷崎は老いてたんですよ。もう病気もしたりして、結局松子に世話にならざるをえなくなった。だから千萬子程度のところで、手近なところでやってたわけです。

加藤周一がひとりの相手と二十年も三十年もセックスし続けるというのは不自然だと言ってましたけど、私もそう思いますね。

小池　私もすごく不自然だと思う。

小谷野　世間の人はどうしてるんだろうと思いますよ。

小池　でもそういう人がいるのも事実ですよね。

小谷野　もちろんたくさんいるでしょうね。というか、十年くらいでやらなくなるんじゃないですか。

小池　（笑）。そう、人間ってだいたい十年でひとつの愛の区切り目ができる感じはわかります。でもそうなってからが夫婦って面白いような気がするんです。その性的な関係が途切れたあと、お互いにいろいろ演技が始まっていくという。

小谷野　うちの両親は五十くらいで一緒に風呂に入ってました。それを見て、なんなんだあれはと思いました。

小池　うちもそうですよ。

小谷野　気持ち悪いですよね。

小池　すごく仲良い。ただ支えあっている互助会だったのかもしれないけどね。お風呂に一緒に入ったり（笑）、日本の夫婦にはそういうのありますね。

小谷野　よく西洋人はアイラブユーとか言う、と言いますが、あれは本当ですかね。

小池　苦しいと思いますね。

小谷野　映画とかでそういうのがあるけど、それは映画ですからね。実際のアメリカ人の夫婦なんてやっぱり泥でしょう。
小池　そうですよ。きつくて大変ですよ。日本よりある意味ではきついと思う。
小谷野　谷崎と川端を訳したサイデンステッカーは独身でしたからね。ゲイなんです。
小池　そうでしたね。
小谷野　というか日本文学をやる西洋人はゲイが多い。ドナルド・キーンもゲイだし。
小池　何か潜在的にあるのかな？　日本人の男の作家の中にはホモセクシャル的なものが。
小谷野　それともちょっと違うんでしょうね。単純に、日本では別にゲイが犯罪ではないですが、キリスト教では犯罪ですからね。

『山の音』「伊豆の踊子」

小谷野　『山の音』の場合は、苦しんでいる嫁の菊子がいて、舅がそれを救おうと思うんだけど、結局、舅の手なんかもういらなかったという話ですよね。菊子は菊子で生きていく、という。
小池　もう舅はそんなに力を貸してくれなくてもよかった。
小谷野　つまり、菊子を救うという舅の側の幻想なんです。あれは菊子が昔好きだった女と似てるという設定ですから、ものすごいうまいです。あれは名作ですね。
小池　私も好きだった。あれは若い頃に読んでも好きでしたね。

小谷野　私はどっちかというと、鶴田先生のおかげで『山の音』がいかに名作かがわかった。

小池　やっぱり川端って耳がいい人なのかしら。「音」とか、底から響いてくるとかね。『雪国』でも葉子の声が悲しいほど美しいって。

小谷野　「悲しいほど美しい声」が何度も出てくる、って話題になったんです。

小池　そう、四回くらい出てきましたね。

小谷野　要するに川端の文章が酷いってことなんですけどね。

小池　でも私、川端康成が書くと許せる。許せるというか本当、悲しいほど美しいなんて、それ自体、一回でも普通書かないですもん。

小谷野　結局、『雪国』は最初がやたらよくて、最初が有名なんです。

小池　そうですか？　でも『雪国』の最後もいいじゃないですか。よくわからなくて。

小谷野　よくわからない（笑）。合理的に考えると、なんで「この子、気がちがうわ」なんだと思ってしまいますね。でも、川端はなんといっても「伊豆の踊子」が素晴らしいんです。

小池　いいですよね。

小谷野　事実をそのまま書いたら藝術になった、というところが天才です。

小池　あれは事実そのままなんだね。あれは踊子という職業についている女の子に対する同情があったとか？　そういうのがあるんですか？

小谷野　神経症を患って一高の寮から飛び出して、伊豆に旅行に行ったら、ああいうことがあったんです。薫というのは本当は踊子の名前ではなくて、お兄さんの名前なんです。

小池　へえ。そうなんですね。
小谷野　山口百恵がやった時に、裸で飛び出してくるところをどうするんだってけっこう問題になりましたね。結局、肌色の肉襦袢を着ていた。
小池　（笑）。すっぽんぽんみたいな感じでしたよね。かわいかった。
小谷野　最後に船に乗ったら、入学準備で上京する工場主の息子と一緒になって、そのマントの中にもぐり込んで泣くというのが今はＢＬだと言われている。川嶋至（＊24）がその最後のもぐり込んで泣くところが川端の「篝火」と同じだと指摘して川端がすごいショックを受けたんです。

地獄の釜の蓋が開く

小谷野　川端はモデル問題については、親族にガタガタ言わせることではないと言っていた。「伊豆の踊子」でうちの家計がどれだけ潤ったと思ってるんだと。
小池　すごい正論。川端って細い体で本当にドシッと肝が座ってる。精神が太いというか。
小谷野　柳美里さんの『石に泳ぐ魚』の裁判の時、高井有一が、モデルに先に断ればいいという人がいるけど、そんなことをしたら書けないと言ったんです。さすが高井有一は小説家だなと思いました。
小池　それは先に断れないですよね。

小谷野　私は弟がいるのですが、小説に出すと怒るので時々、弟の姿を抹消しているんです。

小池　（笑）。やっぱり親族は書かれるのを嫌がりますよ。私だって、よく書いたつもりでも妹が怒って、絶対に書かないでと言われる。

小谷野　私は泥のような夫婦になりたくないという気持ちがたぶんありますね。

小池　でも夫婦は混沌というか、外側からは見えない、魔界ですよ。

小谷野　外側からわからないのはわからないでしょうけど。なんかダラーッて感じの、惰性で一緒にいるような夫婦がいるじゃないですか。ああいうのは嫌なんです。

小池　小谷野さんはまだ、そういう感覚がフレッシュなんだね。若い奥様もいるし。

小谷野　最初の妻は五つ上でしたから。そのままだったら泥みたいになってたなと思いますよ。

小池　（笑）。

小谷野　夫婦は一遍くらい取り替えたほうがいいです。谷崎は松子の体が弱いから子供を作らなかったというのが本当のところだと思いますが、そこは虚実皮膜みたいなところで、結果的になくてよかったと谷崎が思っているだけだと思います。谷崎は実の娘がいるでしょ？　娘だからいいけど、息子とかいたら、たまらんなという感じがしますね。

小池　そうかもね。子供ができるというのは家庭の中の地獄のひとつで、地獄の釜の蓋が開くんです。それを回避しているところが、谷崎にもあるのかも。

小谷野　その子供が優秀ならいいですけど、バカだったりしたらね。

小池　苦労がまた多いですからね。

小谷野　そうそう。先に死なれちゃったりするのも嫌ですしね。子供なんていつ死ぬかわからないじゃないですか。

小池　（笑）。作る前から心配するのも面白いけど。

小谷野　やっぱり一番嫌なのはバカだった時です。

小池　（笑）。でも小谷野さんの子供だったら何もしなくても、ある程度は頭がいいんじゃない？

小谷野　でも、世間の例を見ていると存外そうでもない。

小池　確かにそういう人もいますね。お父さんが優秀ってことがネックになって、子供が伸び悩むこともあるからね。かわいそうですよ。

小谷野　どっちかというと娘のほうがいいです。

小池　娘のほうが自由に生きられるかも。

小谷野　たとえば織田信長の息子が優秀だったかというと、そうでもないでしょ？

小池　織田信長ですか（笑）。

小谷野　いろいろ見てると、必ずしも父親が優秀だったから母親が優秀だったから、息子が優秀とは限らないです。だから私はもしかして生涯夫婦の沼みたいなものは避けて生きていくのかもしれない。

小池　そうすると、小谷野さんはこの『鍵』や『蓼喰う虫』はどう思うんですか？

小谷野　『鍵』には私は疑問があるんですけど、日記を盗み読むってそんなに面白い趣向とは思えないですね。私は日記を書かないし。

小池　私は『鍵』は最初は面白いと思ったんですけど。ただ、奥さんが書いてないと言ってみたり、あるいはわざと読んでも読まないふりをするとか、すべて演技ですよね。ここまでしてご苦労様という感じもしました。ただ、夫の記述が片仮名で、妻が普通の和文で、それで夫が死んでから後、妻の日記がずっと続くじゃないですか。そうすると目で見ただけで、ああ、夫はもう死んだんだってことが、片仮名が消えることで、この作品の中で夫の命も消えたんだというのがわかるのが面白いと思いました。死後というのがはっきり目で確認できる。この片仮名が読みにくいんですよね。

小谷野　片仮名は確かに読みにくいですね。あと私は『春琴抄』が嫌いなんです。

小池　怖い？

小谷野　みんな名作だというでしょ？　完璧だとか。あんまり完璧とも思わないし、春琴が怖すぎますよ。

小池　怖いですよ。本当に怖い。

小谷野　ぶつし。しかも目を潰すでしょ？

小池　私も尖ったものが怖いから本当、針の先とか聞いただけでもゾッとしちゃう。でもあれは人の心を刺激するものがあったと見えて、いろいろ翻案されてますよね。お芝居とか。

小谷野　たぶん春琴のモデルは淀殿で、佐助が石田三成なんです。『春琴抄』を映画化した新藤兼人監督の『讃歌』というのがあるんですが、あれは珍妙でした。新藤兼人自身が作家の役をやっていてそれが下手なんです。しかも春琴が美しくないんです。

小池　（笑）。

小谷野　新藤兼人は時々、ああいう素人の美しくないのをヒロインにすることがあるんです。新藤兼人は変な人ですからね。だってずっと乙羽信子が愛人だったのに、奥さんが死んだら別の人と結婚したんです。乙羽信子は三人目ですよ。そしてまた羽仁進も変です。

小池　左幸子と別れてその妹と結婚しましたね。そう、ああいう人はちょっと悪魔だと思う。奥さんの妹と結婚しちゃうってね。

小谷野　谷崎も結局、妻の妹とやっちゃってたでしょ？

小池　だから谷崎もそういう意味で健康的な悪魔と思います。欲望に忠実というかね。川端はそのところがちょっと違うような気がするんです。

小谷野　ではちょっと質問なんですけど、川端は駒子と結婚したいと思ってたと思います？

小池　いや、川端こそ結婚というものに対してそんな簡単に考えてなかった気がしますね。

小谷野　この前、気付いたんですけど、たとえば今、アイドルブームじゃないですか。アイドルとは決して結ばれることは考えちゃいけない。それはまあ当然なんですが、私は芸能人を好きになる時に、まず結婚することを考える。そこがおかしいでしょ？　だって十五歳の時に九歳年上の竹下景子さんと結婚しようと思ったんですよ。

小池　妄想とか夢が、直接、現実というものに突き刺さる。

小谷野　私は結婚というものに何か幻想を抱いているんじゃないですかね。

小池　そうね、そういうふうに見えます。

小谷野　最初の妻は結局入籍してくれなかったんですが、大阪から東京へ戻ってきて、真っ先に三鷹市役所に行って婚姻届を取ってきたんです。

小池　結婚したかったの？

小谷野　婚姻届が好きなんだと思います。

小池　（笑）。

小谷野　自分の分だけ書いて、はいこれ書いてって渡したら、ええ？　いいよと言われて結局籍は入れなかった。今の妻と結婚した時は、結婚する話になった翌日に区役所に行って、婚姻届を取ってきて、自分の分を書いて、「はい書いて」と渡しました。それは書いてくれたんですが、後に「あれはホラーだった」と言ってました。

小池　（笑）。そんなにすぐに書いてという人はいないかも。

小谷野　だから木村佳乃が好きだったとしても、木村佳乃と結婚はできないなと考えるんです。考える私が変ですよ。

小池　（笑）。いつもちゃんと、婚姻届を書くところまで想像する。

小谷野　それでたぶん不倫に興味がない。婚姻届がゴールになっている。ある種、おかしいですよね。

小池　うん。おかしい。話を川端に戻すと、川端は駒子とは別に結婚は考えてなかったかも。通過するひとつの風景くらいにしか思ってなかったかも。

小谷野　でも、ちらっと思ったかもしれないですよ。特に梅園龍子についてはどうも考えていたようです。でもその時は、秀子が追い出されるわけですから、秀子がかわいそうだというのがあったかもしれない。

小池　そりゃそうですよ。奥さんを追い出すとか、谷崎潤一郎みたいな形での残酷さは川端にはないんじゃない？

小谷野　でも谷崎はそれを佐藤春夫にゆだねるという仕方なので。徳田秋聲も山田順子をやっぱりゆだねてます。永井荷風、勝本清一郎、それから後の夫、と山田順子は転々としてます。

女の作家がわからなくなった

小谷野　私にとって大阪時代は、五年しかないわりに濃密な時間だったんで、ある懐かしさはありますね。谷崎は京都に十年住んで、戦後に去る時に京都の悪口をバラバラ書いた。

小池　そうでしたか。東京の下町で生まれて京都に住むって、私もそんな簡単なものじゃないと思う。大庭みな子も京都に数年住んでましたね。作家だったら、きっとみんな京都とか奈良とか住んでみようかなと思いますよ。

小谷野　京都ってよそ者をいじめるとか言うでしょ？

小池　どうしても入れないところがありそうですもんね。

小谷野　大庭みな子はどうですか？

小池　私、好きだった。大庭みな子もけっこう書き方が奔放で、混沌としているんです。みんな同じものを書いているとも言えるんですけどね。それこそ書き方としては、川端みたいに、長編になると破綻するかもしれないけど、文章の動きというか流れというか、それが生命力になって流れている感じがする作品が多いです。

小谷野　「三匹の蟹」はどうですか？

小池　あの人も、夫婦のどろどろを描きますよね。どろどろと言っても夫婦の中に外側からいろんなものが入ってくるんです。昔の恋人達が関わってきたりとか。彼女の旦那さんはずっと大庭みな子のことを生涯支えてサポートして、応援してましたよね。普通の夫婦と少し違ってた。面白い夫婦だね。

小谷野　「三匹の蟹」は、日本の女がアメリカ人とやっちゃう話で、江藤淳はああいう話が好きなんです。江藤淳は自分の母親が戦前に死んで、日本が敗れたので、母親をアメリカにとられたと思ってる。だからあの人は日本の女がアメリカ人とセックスする、小島信夫の『抱擁家族』も論じているし、そういうことにすごく反応をする。

小池　はあ、なるほど。『抱擁家族』も「三匹の蟹」もそうでしたね。

小谷野　『寂兮寥兮《かたちもなく》』というのは私はよくわからなかったですね。

小池　あの「寂兮寥兮」って老子の言葉でしょ？　本当にあれ、かたちもないような、長いお経を読んでいるような小説でした。沌とかいう男が出てきたり、血族同士で性交しちゃうようなところもあったんじゃなかったかな。筋書きみたいなものがないんですよ。

小谷野　大庭みな子と河野多恵子は女性で芥川賞選考委員になったというので、かなり女性作家のまとめ役みたいなところがあったんです。だから芥川賞の選評を見ていると、河野多恵子は女と見ると褒めている。これは酷いだろっていうようなものも褒めています。

小池　本当？（笑）

小谷野　だから女性作家というのは昔から、平林たい子や宮本百合子、林芙美子とかたくさんいたんだけど、あの二人によってちょっと時代が変わった感じがする。河野多恵子は谷崎の崇拝者でしょ？　だけど『細雪』を認めないんですよ。変態的なものでないと認めない。

小池　そうなのかもしれない。河野多恵子がそうだからね。

小谷野　河野多恵子は怖いですよ。

小池　（笑）。怖いから、ああいう普通の夫婦を書いた作品、『秘事』とかが光るんですよ。あれは川上弘美さんも朝日新聞のその年のベストスリーのナンバーワンとしてあげ、涙が出て涙が出て、文字がぼやけたみたいなことを書いてました。共感したので記憶に残っています。

小谷野　それがわからない。抜糸をする時の快感みたいなものだけで小説を書いちゃう。あれは長いなという気がします。

小池　長いと言えば長いですけどね。でも、あの感覚は他に書いた人はいないだろうなと思います。やっぱり言われてみるとハッとするんです。何か抜く、何か入っていたものが抜かれる。手術をした、縫合したその糸を抜く、その時に、ある種の一種の独特の快感があるという。あれは女の感覚かもしれないけどね。

小谷野　男の菅野昭正（＊25）も褒めてました。菅野さんはちょっとよくわからない人です。私はどうも河野多惠子、大庭みな子あたりから女の作家がわからなくなった。瀬戸内寂聴はわかるんです。つまり通俗のほうへいくとわかるんです。だけど純文学に行くと、あそこからなんか衰弱してる感じがするんです。

小池　高橋たか子は？

小谷野　ダメですね。だって、あの人はキリスト教でしょ？　高樹のぶ子がまた、よくわからない人です。しかもあの人は『甘苦上海』という長編を連載して、電動歯ブラシでセックスするとか書いていた。だからあのへんへ行くなら私は藤堂志津子さんのほうが好きです。

小池　藤堂志津子さん、読みました。北海道の方ですね。

小谷野　それでまた大庭みな子のタイプというのは特別な美人というわけではないですよね。あの存在の仕方がいまひとつわからないんです。たとえば林芙美子の場合は、別に美人じゃないんだけど、幻想を抱いて生きていた人という感じがする。

小池　ああ、自分についてね。

小谷野　あと津島佑子は、息子が事故で亡くなってから、そのことばかり書いていた。いたましいですけど、でも、それがそんなによかったかというと……。

小池　高い評価を受けていらっしゃいますよね。それについて私は何も文句はないけれど、そんなにわかりやすい話は書いてないと思います。津島佑子さんはいつもテーマがあるんですよね。歌とか詩的なものにすごく関心がおありだったので、私は興味を持って読みました。マナスの歌、中央アジアのキルギスのあたりの詩歌のことを書かれた『黄金の夢の歌』とかね。

小谷野　『ジャッカ・ドフニ』というのもありました。タイトルからして変なんです。『風よ、空駆ける風よ』とかね。これが純文学のタイトルかという。『火の山　山猿記』というのがあって、母方の親族のことを書いたものなんですがタイトルに山が重なっている。それはないよと。

小池　小谷野さんの現代の女流作家の評は面白いですね。

小谷野　だからむしろ、直木賞作家のほうがいいんですよ。辻村深月とか。

小池　江國香織さんは？

小谷野　江國香織はそれほどでもないけどうまいと思います。川端賞をとった「犬とハモニカ」はすごくうまいと思いました。だからそれだったら林真理子や宮尾登美子のほうがまだいい。純文学のほうは行き詰まっている感じがします。川上弘美は「神様」が一番いいと言って、たぶん本人の怒りを買っているんですけど。

小池　（笑）。私は『真鶴』のほうが凄いと思います。

小谷野　結局、最近の作家は最初のが一番いいという人が多いんです。つまり発展をしない（笑）。

小池　成長しない。発展しない。

小谷野　だって大江健三郎でさえ、「奇妙な仕事」がすごくいい。

小池　大江健三郎ってやっぱり初期はいいですよね。

小谷野　でも大江さんはその後、今世紀になってから復活してきました。素晴らしいですよ。伊丹十三を描いた『取り替え子《チエンジリング》』で、私は大江健三郎は近代日本最大の作家になったと思った。

『キルプの軍団』がこの前、岩波文庫に入りましたがあれも名作なんです。とにかく私の大江健三郎の評価は異常に高いですから。日本三大文学者のひとりですから。紫式部、曲亭馬琴、大江健三郎ですから。

小池　そうだったの‼

小谷野　そうですよ。ただ女性作家は、川上未映子がそんなにいいのかというのは疑問だし。川上弘美も『真鶴』はだらだらだらだら……。

小池　大江健三郎賞をとった岩城けいさんは？　あの人いいじゃないですか。

小谷野　ダメです。通俗的です。

小池　私は俗に通じていてきちっと読ませる人はそれなりにいいと思う。岩城さんはそれだけじゃないんですよ。やっぱりすごく瑞々しいものがあると思う。

小谷野　私がいいと思うのは、最近のではなんといっても『コンビニ人間』が素晴らしかった。あれはまさによくてかつ売れた作品です。でも、私は本当によくて売れるものはあると思う。今、本当にいいものは売れる、と言おうとしたんですけど、そんなことはないですから。

小池　よくて売れるものはあるよね。

小谷野　一般の人の感想はバカにできないところがありますからね。

小池　そりゃそうですよ。本当に。

小谷野　ただ、村田沙耶香のそれ以外のはいいかというと、そうでもなくて、あの人はSFを書くと破綻しますからね。彼女は宮原昭夫（＊26）の教え子なんです。私は宮原昭夫がわりあい好きなんです。宮原昭夫はいわゆるロリコン小説の書き手で、あの人の作品は面白いです。ちょっと通俗気味で。現代は辛いですよ。そんなにいいものはない。通俗小説も行き詰まってきている気が私はしますね。一時期、女の性欲を描くのが流行ったんだけど、それも手詰まりというか。いろんな変態的なことを書いたあげく、あんまりやらなくなっちゃった。

＊1　四代目杵家彌七（一八九〇―一九四二）女性の三味線奏者。夫は赤星国清で、ともに文化譜を発明して販売した。

＊2　小林せい子（一九〇二―九六）谷崎の最初の妻千代の実妹。谷崎夫妻と同棲し、谷崎の愛人となり、『痴人の愛』のナオミのモデルとなる。葉山三千子の芸名で映画にも出た。のち和嶋彬夫と結婚して引退した。

＊3　山川彌千枝（一九一八―三三）明星学園生徒だった十五歳で早世し、日記、手紙、歌などの遺稿集『薔薇は生きてる』が刊行され、川端が取り上げて話題となった。

＊4　吉行エイスケ（一九〇六―四〇）新興藝術派の作家。早世した。息子が吉行淳之介、娘に吉行和子、吉行理恵。妻は吉行あぐり。

＊5 原善（一九五五― ）川端康成研究者、元武蔵野大学教授。

＊6 「空の片仮名」かつて龍胆寺雄が、内田憲太郎の代作だと「M・子への遺書」に書いた。川端没後の全集で内田からの書簡が公開され、代作は事実だと判明した。

＊7 『川端康成回想記 おじ様と私』阪本昭子、PHPエディターズ・グループ、二〇一七

＊8 東十条の女 小谷野の私小説「東十条の女」（同名短編集、幻戯書房）のヒロイン。

＊9 塙嘉彦（一九三五―八〇）中央公論社の編集者で、『海』編集長を務めた。塩野七生を育て、筒井康隆を純文学に引き入れた。大江健三郎の友人。

＊10 栗原雅直（一九三〇― ）精神科医。東大医学部卒。川端康成の睡眠薬中毒の治療にあたり、『川端康成 精神医学者による作品分析』（中公文庫）を書いた。

＊11 ガルシア＝マルケス 『眠れる美女』に感銘を受けて『わが悲しき娼婦たちの思い出』を書いた。

＊12 「気がちがうわ」『雪国』の最後で、火事の小屋の二階から落ちて来た葉子を抱えて駒子が言うセリフ。ロマン・ロランの『魅せられたる魂』は、アンネットとシルヴィという数奇な運命の姉妹が主人公だが、その最初のほうに、

アンネットは気づいてみるとなるほど夜会服しか着ていなかった。そしてぞっと寒気がして身をふるわした。

「あんたは気がちがったのね！ 気がちがったのね！」

と叫んでシルヴィは自分の肩掛で姉をつつみ、抱きしめた。

という箇所がある。岩波文庫で宮本正清訳の第一冊が出たのは昭和十五年十月で、『雪国』のこの箇所「雪中火事」が発表されたのは同年十二月の『公論』なので、おそらくこれを読んで借用したのだろう（小谷野）。

＊13 五味康祐（一九二一―八〇）芥川賞作家だが、剣豪小説で知られ、占いもやった。川端没後の『新潮臨時増刊 川端康成読本』に「魔界」を書いて川端を批判した。

＊14　有馬頼義（一九一八―八〇）直木賞作家。『三十六人の乗客』など。川端の自殺後自身も自殺をはかったが未遂に終わった。
＊15　北村薫さんの本「いとま申して」シリーズ（文藝春秋）
＊16　秋山ちえ子（一九一七―二〇一六）随筆家。ラジオ番組「私の見たこと、聞いたこと」で日本エッセイスト・クラブ賞受賞。
＊17　渡邊千萬子（一九三〇―二〇一九）松子と根津清太郎の間の子・清治の妻で、松子の妹・重子（『細雪』雪子のモデル）と渡邊明夫妻の夫婦養子となる。娘のたをりを谷崎がかわいがった。
＊18　谷崎恵美子（一九二九―二〇一三）谷崎の三人目の妻松子が、前の夫根津清太郎との間に儲けた娘で、のち谷崎の養女となり、能楽師・観世栄夫と結婚した。
＊19　末永泉（一九二二―二〇〇七）戦後一時期谷崎の手伝いをした。『谷崎潤一郎先生覚え書き』（二〇〇四）
＊20　テオフィル・ゴーチエ（一八一一―七二）フランスの作家、詩人。『モーパン嬢』のほか幻想的な作品で知られる。
＊21　大坪砂男（一九〇四―六五）鉱物学者・貴族院議員の和田維四郎の三男。「天狗」でデビューした。
＊22　細江光（一九五九―　）甲南女子大学名誉教授。谷崎ほか近代文学研究者。
＊23　阿部次郎（一八八三―一九五九）倫理学者、評論家。漱石門下。東北帝大教授。哲学書『三太郎の日記』がベストセラーになった。
＊24　川嶋至（一九三五―二〇〇一）文藝評論家。東工大教授を務めた。
＊25　菅野昭正（一九三〇―　）フランス文学者、文藝評論家、東大名誉教授、藝術院会員、世田谷文学館館長。
＊26　宮原昭夫（一九三二―　）芥川賞を「誰かが触った」で受賞。「石のニンフ達」『駆け落ち』など少女を描いた小説で知られる。

第四章

『ボヴァリー夫人』フローベール
『アンナ・カレーニナ』トルストイ
「かわいい女」「犬を連れた奥さん」チェーホフ

小谷野　『雪国』は藝者の話で、永井荷風の『濹東綺譚《ぼくとうきだん》』は売春を描いてますよね。男が女を買って小説にしていることについて女の人としてどう思いますか？

小池　それは時代ということを考えずに読むことはできませんよね。売春とひと口に言っても、女の意志とか主体性がそこにどのように関わっているかによっても違う。直接的に書いてはないですが、樋口一葉の『にごりえ』とか女が書く場合もありますし。ただ男と女では書き方はずいぶん違いますよね。

小谷野　そりゃそうですよ。『にごりえ』はお力がかわいそう、と書いているからいいんです。

小池　そうですね。ただ、そうした小説の設定や枠組みは、今の尺度にそのまま移動してきて読んでも白けませんか。つまらないというか。私はその点が鈍いのかもしれませんが、それはその時代に流通していた、ごく普通の男の考え方なり、行動を基準に書いたんだろうと思って、倫理感で切るようなことはしないかもしれない。だけど永井荷風は、生き方としては私とは相容れないところがありそうです。

小谷野　荷風は罪悪感ないですよね。

小池　全然ないですよね。身勝手な男だと思います。人間としては遠ざけたい気持ちがありますが、荷風の人生は一貫していたのではないですか。文学者として、見るべきものを見て書いたということなのでしょう。川端についてはよくわからない。川端自身が売春についてどういうことを考えていたのか。ただ作品の中では、イキモノとか女を物みたいに見ている。

小谷野　あれはかわいそうなんです。最初に好きだったカフェの千代というのが、「非常」事件というのがあって、もう結婚の準備もしていたのに破れて、そこへ奥さんがやってきた。

小池　かわいそうね。

小谷野　かわいそうですよ。ただまあ、最後は『眠れる美女』のモデルをかわいがったりした。それはその当時の男としては普通ですよね。売春となると私はどうも、わりあい高校生の頃からその手の『雪国』とか売春ものの小説がよくわからなくて。わかるほうが謎だと思いますけどね。藝者をあげたことなんかいまだに一遍もないですからね。

小池　普通はそうですよね。感覚的にもわからない。

小谷野　なんでこんなに藝者小説が名作なのか。

小池　売春と玄人の女性を相手にするというのとでは、話がまた、ずれるのかな。

小谷野　売春及び、藝者及びヘルスみたいなのがありますけどね。

小池　それは私にだって感覚的にどうしてもわからない。だけど性産業はすごく曖昧な分野でもあって、性的処理だけじゃないでしょう？　特に昔の人にとっては、情緒的なものがすごく絡んでくるわけですよね。

小谷野　日本ではそうですね。つまり藝者は今で言うキャバクラ嬢と同じでいったん親しくなる過程を経てから寝るんです。娼婦というのは行ってすぐ寝る。娼婦でも振ることはありますが。ただ情緒的なことがあるのは日本特有ですね。

小池　やっぱりそうですよね。あと文化的、文学的にそれをずっと書いてきた歴史があって、そこに自分も乗って書くということが文学史の上でも普通だったということがあるのかな。

小谷野　それは私の考えでは完全に、日本の徳川時代は歪んだ文化であるという評価をしているんですよ。近松とか西鶴とかの娼婦ものは私は全然評価してないです。

小池　その流れで現代ではどうなんですか？　現代作家の男で、売春とか玄人の女性達に積極的に、自分も買うみたいに書いている人っているのかな。

小谷野　西村賢太。

小池　ああ。

小谷野　ただ、賢太は今も書いてますけど、あれは、他に女がいなくて、性欲を満足させるために行っているうちに、こいつを愛人にしちゃおうというのであって、そうじゃなくて、妻がいて買いに行くとなるとまた違っているんです。

小池　西村賢太さんて独身なんだ。

小谷野　そうですね。

小池　私の視点では許すも許さないもないですね。

小谷野　それは許すとか許さないとかではなくて、文学として、そういうものに感銘を受けられるのか？　ということですね。

小池　倫理コードみたいなのが小谷野さんにもあって感動を阻むの？　そこに引っ掛かってくると文学としても、評価しないということになっちゃうわけ？

小谷野　『雪国』については小説としてはあまりよくできてないということもある。

小池　『雪国』は面白かったけどね。

小谷野　荷風なんかわからんですね。長谷川町子が『濹東綺譚』を愛読書にしてたんですが、私にはよくわからない。『濹東綺譚』は二度読みましたけどね。
小池　『濹東綺譚』は私も読みましたけど、私にとってはそんなに入れ込むような世界ではなかった。でも男の人が『濹東綺譚』がいい、っていう場合はやっぱり何か感傷的な、すごく自分の何かに酔っているような気がします。
小谷野　そうですよね。『ランティエ』って雑誌がありましたが、そういう親の遺産があって妻がなくて、ぶらぶら遊んで暮らすのに男が憧れていたんでしょうね。小池さんはそれこそ濹東の出身ですね。
小池　そうなのよ。だから外からやってきた人間が下町や濹東に過剰な思い入れがあるのではないかと、用心深くなります。
小谷野　小池さんは鳩の街って行きましたか？
小池　行ったことないです。
小谷野　私は見にいきました。ほとんど痕跡はなかったですが、ああこれは昔やってた店だなというのはありました。
小池　タイルとか外壁にちょっと残ってたりするのかしら。
小谷野　建物がね。
小池　私も写真でしか見たことないですけどね。やっぱりノスタルジーでそういうのを見にいったりする人がいるんですね。

恋愛は病気

小池　『アンナ・カレーニナ』は長いですね。

小谷野　（笑）。

小池　アンナはヒロインだけど弱くて揺れてて、人間としてけっこうダメですよね。女がいつ『アンナ・カレーニナ』を読むかという時期の問題もあると思うんです。私は夢が醒めてから、恋愛に対して幻惑がなくなってからの時代に読んだものですから、そうするとやっぱりアンナはバカだなと思っちゃうんですよね。あと、アンナのナルシシズムというか自己愛がけっこう気になっちゃいました。恋愛に没頭できる美貌と余裕を持ち、若さを持ち、それで恋愛の相手もダメ男じゃないですか。ヴロンスキーになぜ惹かれるのかわからなかったけど、ヴロンスキーは正直な男だと思いましたね。アンナが重荷になっちゃうわけでしょ？

小谷野　最初からやめときゃよかったじゃないですか。

小池　やめときゃってそういう冷静な問題じゃないですよ。やっぱり他人にはどうすることもできない。恋愛は病気みたいなものだから、現実とは違うものを見るわけでしょ？　恋愛は結婚じゃないじゃない。恋愛って本当にその時に幻覚を見るじゃないですか。

小谷野　あ！　わかりました！　そこは私と違う。私は恋愛っていうのは結婚だと思っているから。

小池　そこは全然違いますね。

小谷野　前回も言いましたが私は中学三年生で竹下景子さんを好きになった時に結婚しようと思いましたから。

小池　そこまで直結して考えるファンはいないですね。小谷野さんてすごく清潔でいい男だと思います。結婚すべきいい男だと思う。

小谷野　（笑）。だから結婚しない恋愛というものをあんまり考えられない。

小池　つながるのも幸福な形でしょうが、私はそこをけっこう分けられる人間です。だからこういう姦通小説は恋愛っていう幻を描いているので、一種の幻想小説として読むわけです。でもたとえば谷崎潤一郎の『蓼喰う虫』や倉橋由美子の『夢の浮橋』とかは、私にとっては「結婚小説」で、幻を見ない。その面白さが、恋愛小説や姦通小説を上回っています。夢を終えたところから始まるような小説ね。そういうのが一方に、日本の小説にありますよね。『アンナ・カレーニナ』は、アンナが悲劇に終りますが、他にもいろんな夫婦が出てくるでしょ？　ドリィとオブロンスキーや、キティとリョーヴィン。ああいういろいろな夫婦の対照において読むと悲劇性が浮き彫りにされて、若い時に読んだら感動したでしょうね。

小谷野　私は若い時に読みましたよ。

小池　全然ダメでした？

小谷野　全然ダメでした。リョーヴィンに感情移入しました。

小池　そうですよね。私も女なんだけど、リョーヴィンに唯一感情移入した。リョーヴィンは好感度高いです。

小谷野　自分の人生のようだと思いました。だって好きな女の人に告白したら振られて、しかもその女が好きだったのはヴロンスキーで、そのヴロンスキーがアンナのほうへ行っちゃったから、じゃいいわよ、ってなんか俺の人生みたいだなと思いました。

小池　重なりますか？

小谷野　そうそう……。だからリョーヴィンのほうは非常によくわかります。アンナはどこに感情移入すればいいのかわからない。

小池　それは私もわからない。アンナっていうのは最後まで他者でしたね。だけど、このめちゃくちゃになっちゃうところは理解できます。恋愛っていうものがアンナを破滅させちゃうわけです。恋愛なんかしなけりゃいいんだけど、人間ってやっぱり動物だから、性欲もあるし、恋愛しちゃうんだと思う。結局アンナは自分を見てたんじゃないの？　ヴロンスキーをちゃんと見てないのよ。それが恋愛の本質なんです。相手をしっかり見ていたら恋なんてできないでしょ？　しっかり見て生活するのは結婚だから、そこは小谷野さんと平行線だと思いますけど、やっぱり恋愛と結婚は違うと思います。

小谷野　まあそうですね。それはいいんです。ただ、今、アンナの話をしてますが、桑原武夫の『文学入門』では男が『アンナ・カレーニナ』を読むとみなヴロンスキーに感情移入するって書いてあるんです。私はギョッとしてイスごとひっくり返るくらい驚いた。桑原武夫ってもてて男だったのかと思って。

小池　そうね、もてたんじゃないかしら？

小谷野　鶴田欣也先生も『アンナ・カレーニナ』に感動したと言ってたんですが、あの人は色男だから。だって工藤美代子が妻のいる鶴田さんを追ってバンクーバーに飛んだんです。

小池　ああ、どこかで読んだ記憶があります。それくらい素敵な人だったんだ。何か魅力があったんですね。

小谷野　男からするとそうでもないですけど。

小池　女からすると何かあったんでしょう。

小谷野　何かいいらしいですね。フェロモンが出てるんでしょうね。

姦通小説がわからない

小谷野　近松秋江は、ヴロンスキーがアンナを初めて見る場面が大好きで、そこを繰り返し引いては『アンナ・カレーニナ』を絶賛してるんです。ところがのちに広津和郎が、秋江は女の美しいことにしか興味がなくて、トルストイがこの小説で何を言おうとしたかなんてまったく関心がない、と書いている。

小池　ああ（笑）。女の美しさについて言えば、アンナについての詳細な描写はなされていなくても、アンナがふうっと動くだけでそこに雰囲気が出る、そういうふうに書いてありますね。キラキラって。だからあとで荒れて行くのが……。

小谷野　あのアンナが荒れてく時のヴロンスキーの「うざい」って気持ちだけはわかります。

小池　私も女だけどわかりました。うざったいだろうなあ、って。これが恋愛の本質だなって思いましたよ。でも大岡昇平の『武蔵野夫人』なんか読んだら、トルストイのはいいなあ、これだけの長さになる意味があるんだろうなあ、と。

小谷野　『武蔵野夫人』ってのはつまんなかったですよね。

小池　ええ、私はそうでした。

小谷野　最初の「はけ」って土地の説明ばかり印象に残る。

小池　そう、あそこはいいんです。国分寺の「はけ」と呼ばれる一帯。けど、そのうちなんか通俗的に……。

小谷野　ドニ・ド・ルージュモン（＊1）なんかは、西洋の文学は姦通の歴史だと、「トリスタンとイズー」から話を始めていて、トニー・タナー（＊2）の『姦通の文学』なんかは、ゲーテの『親和力』とルソーの『新エロイーズ』とフローベールの『ボヴァリー夫人』を論じているんですけど、私はどうも姦通小説というのがわからない。私は男だから姦通されるほうかするほうでしょう。私の『聖母のいない国』ではホーソーンの『緋文字』をとりあげて、姦通される男の立場から書いたんです。で、なんでみんなそんなに姦通小説が好きなのかっていうのがけっこう疑問で……。『ボヴァリー夫人』はどうでした？

小池　これも愚かな女なんだけど、夫のシャルルがエンマを愛し続けるところが面白くてよかったかなあ。シャルルという姦通されるほうへの興味が湧きます。

小谷野　だから、そもそもあれは最初がシャルルの視点でしょう。

小池　医療過誤事件で人の足を切っちゃうでしょう。私、ああいうのに目がとまりました。なんか借金するとかせっぱ詰まった感じが、締め切りに似ていているなあと。明日までに二十枚書けない、みたいな。何笑ってるんですか。

小谷野　（笑）。いや、私は締め切りに追われたことがないんです。だって前日に二十枚って言われるわけじゃないでしょう？　言われたら二日くらいでできちゃうじゃないですか。そうじゃないにしてもなんで締め切り日まで放っておくんだというのが理解できない。

小池　そこが小谷野さんの傲慢なところですよ。普通はそうはいかないの。

小谷野　話を姦通小説に戻すと、西洋に『デカメロン』とか『カンタベリー物語』とか小話集があって、おおかたが寝取られ男の話なんです。なんでそんなに姦通が好きなんだと。

小池　ええ。

小谷野　動物でよくメスを争って鹿なんか角で戦ったりするんですよ。それで相手をやっつけて女を自分のものにするという喜び、それが姦通なんでしょう。

小池　今、ふと思い出したのですが、竹内まりやの「けんかをやめて」という曲、三角関係で、男二人が、自分をめぐって喧嘩してるのを女は脇で見ているわけ。喧嘩しないでと。あれは酷い。

小谷野　あれは竹内まりやがいかにもてたかって感じの歌ですよね。フローベールだったらむしろ『感情教育』のほうがいいです。

小池　『感情教育』は読み切っていないのですが、いまだ何者にもなっていない主人公のフレデリックがとても素直な青年で、彼が女達によってどう変わっていくのかを読むのが楽しみです。ところで先程から問題になっている姦通ですが、締め切りでも借金でも、いくら頭でもわかっていても、あっ、越えちゃったというところがあるでしょう？

小谷野　考えられないなあ。

小池　たぶん姦通でも、あっ！　ていう感じで突破しちゃう瞬間があるんですよ。間違いをおかしてしまう。理性が外れてしまう。

小谷野　それはわからないなあ。映画とかで男女がいきなり激情に駆られてセックスしたりすると、ちゃんとコンドームつけてるのか、とか気になる。

小池　（笑）。それは確かに。大事なことですからね。どこかでふと、我に返りそうですが。小谷野さんはその点、心配がない。

小谷野　いや、私は小池さんが思うほど高潔な人間じゃないというのは、「東十条の女」とか「ロクシィの魔」を読むとわかるんですけど、それらは性欲からですからね。姦通小説はそうじゃなく「恋愛」ってことにしているし、まあそのへんが別に感動はしないという……。

小池　だから姦通小説っていうのは、愚かさを輝きとして描いた……。

小谷野　それじゃ『ギャツビー』とおんなじじゃないですか。

チェーホフがわからない

小谷野　チェーホフの「犬を連れた奥さん」もわからない。チェーホフは戯曲もよくわからないですね。チェーホフ自身が、医者で劇作家で背が高くて女にもてたからか。『かもめ』なんてのもわからないですが、あれも愚かな女がいい、って話なんでしょうか。

小池　「犬を連れた奥さん」は、途中でふっと終わるのがいいんですよね。諸行無常というか。グーロフって男が、ある種の女にうんざりしてくると、下着のレースまで魚のウロコに見えてくるって、そういう比喩が面白かった。魚と女って似てると思うんですよね、ぬめぬめしていて生々しい。だけど女はその生々しいものを下着のレースとかで飾ってるわけなんです。

小谷野　月経の時に魚の臭いがする女の人がいますよね。

小池　小谷野さんも気持ちの悪いことを言いますね！　だけどそんなふうに生々しいことが描いてあると、私いいなって思う。適当に女をあしらっていたつもりのグーロフが犬を連れた奥さんのほうに引き寄せられるでしょう。それが何だか更生しているようで、私この短編とっても好きです。女と付き合ったけれど、愛したことは一度もなかった、というグーロフが、髪に白いものが混じりはじめた頃に、犬を連れた奥さんには引かれていく。でもいずれは男も女も幻滅が来るんだろうけれど、恋愛が始まったところで切るからいいんですよ。

小谷野　遊びをやったあげくの執着ですよね。それは私にはわからない。

小池　（笑）。やってないもんね。

小谷野　やってないから。本当にチェーホフの色男ぶりがよくわかる。『かもめ』のトリゴーリンがニーナを愛人にして捨てるでしょう？　こんなことを描いて何の意味があるんだと。さらに『かもめ』って上演する時に本来三十代の作家を老人とか中年俳優がやるんですよ。

小池　舞台で演じる新劇ってそうですよね。時々その落差についていけないことがあります。『かもめ』は昔読みました。芝居も観ましたが、あまり面白くなかったんです。というより、わからなかった。『桜の園』もそうですが、けっこう登場人物が複雑。ただ、『かもめ』も『桜の園』も喜劇でしょう。喜劇として見る視点が私の読みの中から落ちていたなあと。だからこそ今、読み直してみたいんです。

小谷野　チェーホフの「黒衣の僧」は読んだんですよね。あれはいいですよね。

小池　そうですね。すごく怖いね！

小谷野　怖いけど、私は若い頃、すごくよくわかった。要するに、若者のところにお前は本当は偉い人間になるやつだぞって言いに来るわけでしょ？　私は大学院に入る頃に、神経症にとりつかれてうろうろと夜中に散歩しながら、俺は偉くなるんだ、俺は偉くなるんだと思ってたから、この「黒衣の僧」はよくわかる。

小池　私は「黒衣の僧」を読んで救われました。こういう小説もあるんだと。ドストエフスキーみたいなのを読んで、ロシア文学にアレルギーがあったので。

小谷野　でも、チェーホフの他の短編はわからんです。

小池　よく伝わらないのもありますよね。チェーホフって。いい短編もいっぱいあるのに。

小谷野　すごいsubtleな感じを伝えようとしている。ゴーリキーもそうなんですね。ゴーリキーっていうのは後に社会主義になって、里見弴が若い頃、ゴーリキーが好きだと言っていた。要するにすごいsubtle、微妙な感じを表している小説で、チェーホフはそれよりさらに微妙になっているんです。だから「犬を連れた奥さん」も不倫を匂わしているらしいんだけど、私にはよくわからない。「黒衣の僧」はチェーホフとしては、わかりやすいほうですね。

小池　それでなんか深みがあって、言葉にならないようなもわっとしたものをよく書いている。すごくよかった。

小谷野　「ねむい」とかありますよね。「カシタンカ」とか。

理性は案外なかなか外れない

小谷野　私は、衝動的にセックスしちゃうというのがわからないですね。鷗外の『青年』にも坂井れい子未亡人と「愛情にわたる詞《ことば》」なくセックスしちゃうというのがあるけれど、情景が思い浮かばない。

小池　小谷野さんは常に理性でコントロールできるということですか。自我が揺らがず、ちゃんとしている。

小谷野　いや、実際には半分以上の人がちゃんとしてるんだけど、そうじゃない人のほうが目立つんですよ。そのほうが小説とかドラマになりやすいんです。

小池　そりゃそうですね。理性は案外、なかなか外れない。だからこそ人間は、人間が動物になるところを見極めたいというのがあるのでしょうね。ところで、チェーホフの「かわいい女」では、最後にオーレンカの愛情がサーシャという子供にいくでしょう。男でなく少年に。そこが面白かった。恋愛小説より広がりがある。

小谷野　それじゃ二葉亭四迷の『平凡』で、最後は犬に愛情がいくみたいな。そういえば麻生よう子の「逃避行」って歌をご存知ですか？

小池　ああ、知ってます。

小谷野　ああいう男女二人のカップルが逃げるというのは好きですか？

小池　私にとってはまったく他人事ですけど、詞にはよくそういうテーマが出てきますね。ただ、「逃避行」は待てって男が言うけど、結局男が来なかったんですよね。そういう話の展開が多いですね。一緒に逃げたなんていう話には、決してならない。

小谷野　近松門左衛門の「新口村」なんていうのは二人で逃げていく話ですね。私、大嫌いなんです、ああいうの。

小池　なんでそんなに嫌なの？

小谷野　こっぱずかしいじゃないですか？

小池　（笑）。

小谷野　漱石の『門』も、二人でひっそり、罪をおかしたって言って暮らしてますよね。

小池　ひっそりとね。暗いね。
小谷野　それを谷崎潤一郎が批判しているんです。六年くらい経っていてまだ仲がいいなんていいことじゃないかと。
小池　後ろめたさが二人をつなげているのでしょう。
小谷野　だから『アンナ・カレーニナ』はその点ではいいですよね。すぐ喧嘩しちゃって。世間を離れて二人で……っていう演歌的なあれが嫌いなんですよ。
小池　問題は二人で逃げたその後ですよね。たいてい喧嘩になっちゃうと思うけどね。
小谷野　そうなんですよ。麻生よう子の「逃避行」も、男は他の女性に引きとめられていて来ない。やめろ、そんな男。
小池　あれが本当に定石なんですよね。水戸黄門の印籠じゃないけれども、他の女の人に引きとめられている。いわゆるダメンズを愛する女でしょ？　だからお酒に酔いつぶれてたり、他の女に引きとめられてたり。本当にきれいになぞってますよね。
小谷野　「それがなきゃいい人なのに」って、それがなきゃってそれしかないだろう。
小池　あの歌は語りがメロディにぴったり肌のようにくっついて流れてるから売れたんじゃないかしら。
小谷野　顔がいいだけの男なんですよ、きっと。
小池　詞の内容はどうでもいいんですよ。また、いつものパターンが出てきたみたいな感じでね。そんなに「逃避行」が嫌なんですね。

小谷野　妻のいる男との不倫みたいなのも嫌いですね。

小池　ああ、そうなんだ（笑）。「逃避行」って逃げるからには何かあるから逃げるんだもんね。まっとうに添えないいんですよね。

＊1　ドニ・ド・ルージュモン（一九〇六―八五）スイスの文藝評論家。『愛と西洋』（一九三九、邦訳『愛について』）で知られる。

＊2　トニー・タナー（一九三五―九八）英国の文学研究者、ケンブリッジ大学教授。

第五章

『カラマーゾフの兄弟』『罪と罰』

ドストエフスキー

小池　『罪と罰』は随分前に必要に迫られて読んだので、細部をだいぶ忘れてしまっていますが、私が心を動かされたのは、老婆殺しの男を支える女の子、ソーニャが出てくるくだりですね。ソーニャによってラスコーリニコフの内面が劇的に変化していく。それが面白くて。
小谷野　普通にいいと思っちゃうんですか？
小池　ええ、私、ソーニャとの絡みは、読んでいて唯一いいと思ったんです。だけど、それ以外は——これは『カラマーゾフの兄弟』にも当てはまるのですが——よくわからなかったり、苦痛に感じる部分も多くて、なかなかドライブがかかりませんでした。一度読んだくらいではわからないのかもしれないですね。ただ、この先、もう一度か二度、読むとも思えないんですが。それにしてもドストエフスキーってこんなに会話で作品が成り立っているのかってびっくりしちゃった。人と人とがものすごく活発に、長々しく会話するじゃないですか。地の文なんて見当たらないくらいですよ。
小谷野　ドストエフスキーは若者のアヘンみたいなところがあって、哲学とか宗教が入っているんでそれにやられちゃうんですね。だから結局、若者っていうのは、文学よりも宗教や哲学のほうが好きなんですよ。本当に文学が好きな人っていうのはあんまりいない。
小池　文学を好きになるためには、ある程度、年を取る必要がないですか？
小谷野　私は昔から文学が好きだったから。
小池　私はそうじゃなかったです。私は文学よりもむしろ言葉そのものに興味があったので、詩のほうにいったのかもしれない。文学って面白いんだなって思ったのはけっこう年を取ってからです。最初は比較宗教学とかに興味があった。小谷野さんが言うような典型的な若者でした。

小谷野　私も若い頃はトマス・アクィナスがすごいと思ったり『ブッダのことば』（岩波文庫）を読んだりしてたんだけど、三十を過ぎてから、だんだん宗教から心が離れていった。私には『宗教に関心がなければいけないのか』という著書があるんですけど、そこで自分の宗教遍歴を書いて、私はもう関心はあまりないと書いたら、けっこういろんな人と絶縁してしまいました。特に宮崎哲弥。あの人は仏教大好きだから。

小池　ええ、私も仏教には惹かれ続けていますが。

小谷野　でもあの人が言っていることは、仏教については難しくてわからないです。難しくてわからなかったら宗教としてダメだろうと思うんです。キリスト教の場合は神を信じてアーメンってやればいいっていうのがあるんだけど、仏教はちょっとそれとは違う。たとえば「蜘蛛の糸」だと、「この蜘蛛の糸は己《おれ》のものだぞ」と叫んだ時に、我（アートマン）というものの実在を信じてしまったというのが本当の解釈なんです。だから糸が切れた。

小池　ああ、「蜘蛛の糸」って、そういう話だったんですか。確かに仏教を、宗教としてより、哲学として受け止める態度はありますね。私も宗教的な実践は抜けてます。

小谷野　だから信仰ではないということなんです。そうなると一般庶民にはわからなくなっちゃう。それで日本では法然みたいな人が「南無阿弥陀仏」と言いさえすればいいと言い出すわけですが。ドストエフスキーというのはそもそもロシア正教の作家です。ソルジェニーツィンもそうですよね。ドストエフスキーは生きている時からカリスマ的な人気があったんです。

小池　そうなんですか。私は、ロシア正教というのがわからなくてね。

小谷野　もともとコンスタンティノープルに総主教座があるギリシア正教っていうのがあるでしょ？　ロシア正教はそれの一派です。つまり正教というのはオーソドックスですから、カトリックよりもこっちのほうが本物だと言っているわけです。ヨーロッパは東ローマ帝国と西ローマ帝国に分裂して、その時に主教座も二つできた。ローマとコンスタンティノープル。ローマのほうはローマ法王ですよね。コンスタンティノープルにも総主教座というのがあって、これが東ローマ帝国を支えていたわけです。ローマ法王は皇帝を戴冠できるので、神聖ローマ帝国の皇帝はローマ法王から戴冠される。だけどナポレオンに戴冠させてしまったために、神聖ローマ帝国は滅亡するんです。それに対してコンスタンティノープルの総主教座は東ローマ帝国の皇帝を戴冠させてたんだけど、東ローマ帝国が滅びてからは、ロシアの皇帝がそれに代わって「ツァー」と名乗るようになる。ドストエフスキーについては長く哲学的、宗教的に読まれていたんだけど、ミハイル・バフチンという批評家が、そうではなくて、ドストエフスキーの価値はポリフォニーにあると言ったんです。

小池　さっき私が言った、いろんな人がべちゃくちゃ喋っているっていう、ああいう感じをポリフォニーと言うんですか？

小谷野　それは必ずしもそうではなくて、複数の人物が違う意見を言っていて、どちらがどちらにも包摂されない。それをポリフォニーというんです。私、最近よく考えたんだけど、ドストエフスキーはそんなにポリフォニーでもないんじゃないかと。そういう意味でポリフォニーと言えるのは『悪霊』だけなんですよ。

小池　ああ、そうですか。

小谷野　『白痴』なんていうのは、まさにムイシュキン公爵中心主義ですから。『白痴』は三田誠広が大好きですね。

小池　そうですか。なんででしょう。

小谷野　三田誠広はもともとドストエフスキーマニアなんです。だから最近、『［新釈］悪霊』とか新釈書いているでしょ？　あの人は、芥川賞をとったあとに、朝日新聞に『龍をみたか』という小説を連載するんだけど、それは『白痴』の真似なんです。

小池　読んでいないのでわかりませんが、そうなんですか。

小谷野　三上三千輝っていう新人作家が主人公なんだけれど、これは三田誠広と中上健次と高橋三千綱と宮本輝をあわせた名前なんです。

小池　へえ。合体させた感じが確かにありますね。

小谷野　『白痴』はムイシュキン公爵という人をキリストになぞらえた、非常にわけがわからない小説です。私は高校一年の時に『白痴』を読んで、なんだかわけがわからなくて困ったなと思って、大学生の時にもう一遍読みました。少しわかったような気がしたんだけれど、やっぱりわからない。結局、一番の問題はキリスト教徒でもない人間がなんでキリスト教の小説に感心するのかということです。日本は潜在的なキリスト教徒がやたら多いんです。つまりキリスト教に帰依しているわけでもないし、教会へ行くわけでもないのに、キリスト教の議論を聞くと本気で参ってしまう。たとえば『カラマーゾフの兄弟』で言えば、「大審問官」ですね。神がいなければ何をしても許されるのか、そういうのを読むと「あっ！」と感心しちゃうわけです。バカなんですよ。あいつらは。

小池　（笑）。

小谷野　だからキリスト教徒でもないのに、そんなものに感心することないんですよ。俺、キリスト教徒じゃないから、って言えばいいですよ。

小池　そう簡単に言えないでしょう。

小谷野　言えないというかあまり思いつかないんじゃないですか？　にわかキリスト教徒になっちゃうんですね。キリスト教徒から見たら、にわかキリスト教徒なんてとんでもないですよ。ちゃんと毎週教会へ行って、聖餅をもらって、ワインを飲まなきゃいけないんですよ。

小池　飯島耕一という詩人はバルザックが好きだったのですが、阿部謹也に、理解するためには入信しろ、わかったらやめればいいって言われたというのを詩に書いてるんです。結局、飯島耕一はカトリックには入信しなかったけれども、入信しないと、どうしてもわからないことがあるんじゃないかというのは、私なんかも思う。宗教がわからないからどうしてもわからないところがある、というもどかしさが、ヨーロッパの文化や文学に対する時、怯えやコンプレックスになっていて、そこをごまかしているんじゃないかなと。だけど宗教、わからなくったって、惹かれる人は惹かれるわけでしょう。あるいは感動したという事実がある。だから、実は宗教のところが抜けている感動というのは、何か弱みを永遠に握られているような気もするんです。感動がなければ、自分は信者じゃないから、でスルーできるんでしょうけれどね。

小谷野　キリスト教だけ特別視するのは西洋中心主義になっちゃいますね。阿部謹也は修道院で育ったから。

小池　そうね。私は阿部謹也の書いた言葉は、信じられますね。ヨーロッパ中世から日本の世間まで守備範囲が人間的で広いし。修道院で育ったから何かが体に染み付いているんですよ。直感的、肉体的に文化の差異を捉える。出てくる言葉に説得力があるじゃないですか。

小谷野　私はないです（笑）。

小池　私はあると思う。

小谷野　だって私はキリスト教徒じゃないもん。

小池　キリスト教が広げる違和感というものも、阿部謹也は理解しちゃんと言葉にしてくれています。この人は何かを体でつかんだんだろうなというのがわかるんです。

小谷野　私は比較文学の出身なので、そういうのは非常によくわかるんです。日本人は要するに明治以降、ショーペンハウエルとかヘーゲルとかカントとか、西洋の思想家――思想家って言葉は日本独特のものなんだけど、を輸入して戦後はサルトルとかデリダとかドゥルーズとかどんどこ西洋のものを入れて護符にするわけです。鶴田欣也先生が「護符」と言ってたけど、あの連中は西洋の人名を出さないと気がすまない。

小池　そういう感じはしますよ。

小谷野　私はそうじゃないから。

小池　そこが小谷野さんの面白いところね。教養とか何かバックボーンを売りにしないでガツンと書いていくところは、異様だし迫力がある。

小谷野　私はヘーゲルもインチキだって言ってますからね。カントはいいんです。前にも言いましたがプラトンとカントくらい読んでおけばいいんです。井上章一さんが日本にも富永仲基《とみながなかもと》のような思想家がいると言うんですけど、別に富永仲基じゃなくたって、紫式部とか曲亭馬琴とかいるじゃないですか。

小池　そんなふうに考えてもいいんですね。

小谷野　そこはなぜか思想家じゃなきゃいけないらしいですね。学生運動に片足突っ込んじゃった人はどうしてもそこから抜けられない。

小池　わかりますよ。

小谷野　というわけで『悪霊』は私にはよくわからない。

小池　そこがわからないと読み進められないですかね。どうしてこんなにドストエフスキーのことをみんなが熱く語るのかな。

小谷野　特に六八年の世代はまだ生きてますから。私より若い人でもそれに悪影響を受けちゃう人もいる。『悪霊』はもろに政治運動の話ですからね。そこにキリーロフという自殺を賛美する人物が出てくるんですが、その人を西部邁さんが絶賛していた。だからもとからあの人は自殺が最高の死に方だと言ってたんです。

小池　西部さんの死について、その点は誰も指摘をしてなかったですね。

小谷野　私は言ってたんです。まあ他にも言っていた人はいます。

小池　そうですか。

小谷野　「大審問官」では、子供が酷い目にあっていても、神は何もしてくれないっていうでしょ？

小池　ええ、無神論者のイワンが言いますね。いったい何のために子供達が苦しまなくちゃいけないのかと。幼女虐待にも触れて。

小谷野　だけど、神は何もしてくれないでしょ？　そんなこと聖書のどこにも書いてないでしょ？

小池　いつもいろんなところで問題になりますね。酷いことがおきると神はいるのかって。

小谷野　あれはおかしいんですよ。キリスト教徒っておかしいんです。日本人であれに感動してしまうっていうのは、神を仏さまとかに置き換えてるんじゃないでしょうか。遠藤周作の『沈黙』は読みました？

小池　ええ、それは卒論を書く時にも扱ったので。キリスト教の神は父性的なのに、日本人にとっては母性的なものになってしまうって話でしたよね。

小谷野　それは江藤淳が『成熟と喪失』で書いた話ですね。江藤はすごいマザコンですからね。でも「大審問官」なんて発想が『沈黙』と同じですよね。なぜ神は苦しんでいる者を助けてくれないのかって。ドストエフスキーには幼女愛好趣味があると言われていて、『虐げられた人々』のネリーなんてそれが表れていると言われていて、「大審問官」も子供が出てくるあたりがそういう感じです。だいたい、「ヨブ記」を読めばどんな酷い目にあっても神は助けてくれないと書いてある。
小池　ええ。「ヨブ記」は私も読みました。
小谷野　でもそのことをちゃんと言ったのは曽野綾子だけです。
小池　なんて言ったんですか？
小谷野　神は絶対助けてくれない。
小池　そうですか。私は曽野綾子が率直で好きです。
小谷野　私もそうなんです。もし私が、曽野綾子に「天皇制のような身分制があっていいのか」って言ったら、「カエサルの物はカエサルに」って言うと思う。あの人は絶対にごまかさない。
小池　そうですよね。私、一度お会いしたことがあって、さらに好きになりました。
小谷野　右翼の人は身分制度があっていいんだって言えばいいんです。でも、あの人達は言えない。強いのは曽野綾子だけですよ。
小池　そうなんですよね。あの人なら言うでしょう、本当に。
小谷野　大衆に好かれよう、みたいな変な意識がないですから。
小池　神は助けないって言ってくれるとすっきりします。

『罪と罰』がわからない

小谷野　私は本当に『罪と罰』が嫌いなんです。

小池　どうしてそんなに嫌いですか？　私もけっこう苦痛でしたけど、ところどころ戦慄するようなところがあって。

小谷野　まず、ラスコーリニコフがやたらといいやつに描かれているでしょ？

小池　そうね。殺しちゃったのにね。

小谷野　老婆を二人殺すような人間は、あんないい人なわけがないんですよ。私は犯罪によって人間の本質をつかむという考え方は間違いだと思っているんです。先天的に何かないと殺人というのはおかせないです。親鸞もそう言っているでしょ？　わが心の善くて殺さぬにはあらず。

小池　私は強姦は許せないんですが、殺人については、無差別殺人や快楽殺人も含めて、何か理由があったのではないかと思ってしまう。自分もやってたかもしれないって思うこともある。そうすると、小谷野さんは絶対に自分は殺さない自信があるんですね。

小谷野　自信があるというよりも、自信がない。

小池　（笑）。

小谷野　人を殺せる自信がまったくないです。戦争に行くなら別ですよ。だけど一般的な状況で、どこかへ忍び込んで行って……とか、そういうことは絶対にできないです。

小池　なるほど。面白い視点ですね。正直でいいです。確かにそうですよ。恨みがあっても、私なんか、自分の採血だって怖くて正視できないんだから、血が流れるのは嫌だわ。

小谷野　私は時々、夢で見ますよ。自分が人を殺しちゃって、罪悪感と逮捕される恐怖に震えている夢。

小池　本当に!?　それはちょっと面白いですね。私はまだ、そんな夢は見たことない。

小谷野　私は怖くて殺せないと思う。私、人を殴ったこともないですから。

小池　怒りを覚えても我慢する？

小谷野　普通の人間は殴らないです。

小池　小谷野さんは怒りをコントロールできる？

小谷野　違います。もっと別の手段で復讐します。名前を書くとか。小説に書くとか。

小池　なるほど、復讐ね。

小谷野　それが一番いいです。あとは死ぬのを待つとかね。

小池　書いたことで、あるいは恨んだことで返り血を浴びることはありませんか？

小谷野　ありましたよ。だって私、刑事告訴されたんですから。

小池　（笑）。

小谷野　私は子供の頃いじめられっ子だったので、大人になってある程度力を持つといじめられっ子だった時の恨みがそういうところへ向かうんですよ。

小池　小谷野さんがまたひとつ、わかりました。

娼婦は聖なるもの？

小谷野　志賀直哉の『暗夜行路』は最悪で、近代日本文学の二大女性嫌悪小説は『こころ』と『暗夜行路』です。ところが若い頃、シンガポールで国際会議に出席した時に一回目が『こころ』で二回目が『暗夜行路』だった。シンガポール人が選ぶんですが、シンガポールは華僑で儒教だから、やっぱり女性を蔑視してるんですよ。
小池　儒教の人達はああいうのが好きなんだ。
小谷野　『暗夜行路』について、紅野敏郎（＊1）先生が、時任謙作ひとりまかり通るって言ったんです。だから『罪と罰』というのはラスコーリニコフひとりまかり通る小説です。
小池　確かにね。
小谷野　明治時代になんで『罪と罰』を内田魯庵が読んで感激したかというと、あの人は娼婦が好きなんですよ。
小池　あの時代の人達はなぜか花柳界の女の人とつながってますもんね。文士もね。
小谷野　日本の暗部です。
小池　なぜかしら、その流れがありますよね。
小谷野　娼婦は聖なるものだ、みたいなことは近松秋江とか永井荷風が作り出したんですよ。『濹東綺譚』とかで。

小池　聖なるものまで行きますかね。

小谷野　『濹東綺譚』なんて、お雪が何か崇高だということで成立している小説でしょ？

小池　そうだね。

小谷野　あれは昭和になって永井荷風が朝日新聞に連載した。あの時にみんな驚いたんです。娼婦を描くような小説を、真面目な朝日新聞が載せたと。当時から朝日新聞は真面目だったんです。もっとも時事新報のほうがさらに真面目でしたけどね。時事新報は福澤諭吉系の新聞なので。だから里見弴が時事新報に『今年竹』を連載した時に、藝者が出てくるというので連載を途中で辞めさせられているんです。

小池　へえ。

小谷野　朝日新聞は昭和になってちょっと変わるんです。『濹東綺譚』の世界はもう過去のことだから、と。川端の『雪国』もその当時でしょ？

小池　私はずっと女性の身分の低さということと関係あるのかなと思ってたんです。身分制度の中で高貴な女性じゃなくて、低い身分の女性を逆に崇める。恋愛の対象として、精神的に高いものとしてあえて書くことが、何かの試みなのかと。

小谷野　それもたぶん『罪と罰』の影響だと思うんです。だから当時ドストエフスキーの作品というのは、下層の人間でも美しい心を持っているという例として言われたんです。

小池　そうなんですか。

小谷野　今の我々にとっては、下町に住んでいる人の心は美しいとか、むしろ定番になっちゃっているでしょ？

小池　かつてはそのようなイメージが利用されたこともあったでしょうが、今はそれはないでしょ（笑）。美しいかどうかはさておき、陳腐な定番という認識の上で、使われる程度かと思いますが。

小谷野　当時の明治の人にとってはそうじゃなかったんです。だからそこでドストエフスキーとかフランス文学がそういうふうに読まれた。社会主義とも関係があるんですけれどね。もちろんそれは、ボドレールがまずある。ボドレールの『悪の華』とか。汚げな路傍の人間も美しいものを持っている、というのはボドレールの発明です。

小池　そうなんですか。

小谷野　小池さんは詩人だからわかるでしょうけど。

小池　詳しくないです。

小谷野　そこから来て、ドストエフスキーのソーニャになるわけです。

スヴィドリガイロフがなぜいいのか

小谷野　それでまたソーニャがシベリアまでついて行くとか至れりつくせりですよね。そして母親と妹が田舎から出てくるでしょ？　母親と妹というのがまたいかにも甘ったるいですよね。父親とか弟じゃないんですもん。

小池　そうですね。女の家族がすごく優しい。ラスコーリニコフを守ります。

小谷野　そしてラスコーリニコフの下宿にやって来て甘やかしてくれる。私は若い頃に『罪と罰』を読んで、私なんて今まで生きてきて家族と一緒に住んでいてもこんなに優しくされたことないというくらいラスコーリニコフは優しくされるんです。

小池　お母さんも、そして妹も、犯罪者であるお兄さんをとても大切にしています。

小谷野　娼婦まで流刑地についてきてくれるわけでしょ？　なんて恵まれたやつなんだ。お前、犯罪者のくせに。判事のポルフィーリーもベタベタして、ついてくるしね。彼は『刑事コロンボ』みたいなんだけどね。このラスコーリニコフはよっぽど顔がいいのかなと思いました。

小池　美青年と読めるように書いてありますよね。

小谷野　そこであのスヴィドリガイロフというのが出てくる。アヴドーチャ・ロマーノヴナというラスコーリニコフの妹が家庭教師をやっている時に言い寄ってきた。はっきり書いてないけど、スヴィドリガイロフとアヴドーチャはやっちゃったことあると思う。一遍たぶん恋愛っぽくなったんですよ、あの二人は。

小池　そうでしたっけ？

小谷野　だからスヴィドリガイロフはアヴドーチャを追っかけてきて、愛してないって言われてピストル自殺をしちゃうんですよ。スヴィドリガイロフもたいがいなやつですけどね。私も昔、スヴィドリガイロフを気取ったことがあります。

小池　ははは。

小谷野　好きだった女性に言われたからです。スヴィドリガイロフが好きだと言うんだもん。あの人も無謀でした……危険を避けることを知らない。ストーカーにあう人ってだいたいなんか過ちを犯しているんですよ。四年くらい前、島本理生さんが「私は自分を好きな男の人が好きです」と言ったんです。だから私は、ストーカーが来るからそういうことを言っちゃダメと言いました。ストーカーってそういう言葉を聞くと、「あっ！　じゃ俺、あんたが好きだからあんたも俺が好きなんだね」と言ってくるんです。

小池　危険じゃないですか！

小谷野　島本さんってものすごくストーカーにあいそうな人なんです。顔からやることから全部。

小池　見るとわかるものですか。

小谷野　美人ちょっと手前みたいなところと、妙に幼い感じと、危なっかしい感じはストーカーを引き寄せる。だからあの人はストーカーにあう小説ばっかり書いている。

小池　ちょっと守ってあげたいっていう感じがありますね。

小谷野　デンジャラスというか、俺が守らなきゃダメだと思わせるような人はストーカーにあうんです。私はストーカーをやったことがあるから、ストーカーの心理はわかります。

小池　（笑）。

小谷野　まずあなたが好きだと言う前は、いずれこの人と結ばれて……と妄想で変な汁が脳内に出てくる。

小池　文学者ですね。妄想……想像力。

小谷野　「あなたのこと好きじゃないわ」と言われると、汁が遮断されるんです。この汁の遮断の禁断症状がストーカー。

小池　ああ、やっぱり禁断症状って感じがしますね。一種のクセになっていて、それを補おうとするような何か。すごく説得力のある言葉です。

小谷野　スヴィドリガイロフがなぜいいのか、私はわからないですね。私が男だからかもしれないけど。漫画で『罪と罰』を描いたものがあるんですけど、スヴィドリガイロフは必ずイケメンに描かれている。手塚治虫のもそうだし最近のもそう。スヴィドリガイロフはいちおう色男って設定なんです。だからつまり、スヴィドリガイロフが好きという女の人は、自分を好きで振られて自殺しちゃうような男が好きってことになるんですよ。それは要するにバカですよ。

ドストエフスキーの影響

小谷野　私はまたマルメラードフが嫌いなんですよ。これはディケンズの『デヴィッド・コパフィールド』に出てくるミコーバーをもとにしているんだけど、これを見ると私は自分の父親を思い出しちゃうんです。私の父親は酒飲みじゃないんだけど、ある種のダメ人間で、家族とうまくコミュニケーションが取れない。私の父親はロレックスに勤めてたんです。ロレックスの時計修理屋ですから給料が安かったんです。

小池　職人さんなんですね。

小谷野　しかもこないだその時計修理の資格を取るのにどれくらいかかるかと思って調べたら、一日ですよ。

小池　一日？

小谷野　ええ。一日講習を受ければできる。

小池　そうなんですか⁉　すごい緻密な作業だと思ってたけど……。

小谷野　そんな一日で取れる資格で生計を立てていたのかと思って、がっかりしました。

小池　でも、原理は一日で飲み込めるけど、長いことやっているってことで何か一日ではできないことをなさってたんじゃないですか？　時計って緻密な世界だと思うけどね。

小谷野　我ながら不思議なのは、私は若者であった時になんでドストエフスキーにはまらなかったのかです。

小池　小谷野さんは若い時も全然はまらなかったのね。

小谷野　ドストエフスキー、トルストイというのは二大文豪とロシアではなってます。

小池　トルストイはそんなに抵抗感ない。やっぱりドストエフスキーは私はなんか縁がないような感じがするな。だからドストエフスキーに影響されたとか、それをすごく深く感じて自分は小説を書き出したとか、そういう人の小説も私はぴんと来ないことが多いような。

小谷野　川端康成もドストエフスキーが好きなんですよ。

小池　そうなんですか！　吸収の方法はそれぞれですからね。

小谷野　川端はノーベル賞を取る前に、T・S・エリオットに会いに行って、作家はみんなクレイジーだと言って、エリオットがドストエフスキーはどうだ？　と言ったら、ドストエフスキーは違うと言ったらしい。あと大江健三郎も初期はすごいドストエフスキーが好きだったんですけど、だんだん離れてきたみたいですね。あの人は独自の道に行った。大江が本当に影響を受けたのはフォークナーですからね。

小池　そうでしょうね。

小谷野　私はトルストイの長いものはあんまり感心しないんですが、「イワン・イリッチの死」とか「クロイツェル・ソナタ」はいいです。

小池　私も両方読みました。いいですよね。私もロシアのやたらと長い作品はだめだけど、短編は好きだな。

小谷野　伊藤整の『典子の生きかた』という小説は、典子という若い女が「イワン・イリッチの死」を読んで考え込むところが出てくるんです。私は大学時代に典子って女の子が好きだったんで、すぐに『典子の生きかた』を読んだんです。

小池　面白かった？　よかったですか？

小谷野　まあ、それほどでもない。伊藤整はむしろ『鳴海仙吉』とかのほうが面白いですね。

おすすめのロシア文学

小池　昨今、やけにドストエフスキーを読もうというムーブメントがすごいですよね。

小谷野　私がもし大学で学生達に薦めるならバルザックの『従妹ベット』です。

小池　読んでみます。私はドストエフスキーに関しては、読みはじめては挫折し、また手に取っては中途でやめて、を繰り返してきました。ドストエフスキーは若い時に読むのでなければ意味はないとまで言う人もいますが、中年以降、文学に目覚めた人がじっくり読んでみたいと思う自由は奪わないでいただきたいです。ただ、名作に文句をつけるこの本は、ドストエフスキーが私達にかける無用の圧力をはねのけるには有効ですね。

小谷野　今回は誰の訳で読みました？

小池　私は一番新しい亀山郁夫さん訳の光文社古典新訳文庫を買いました。『罪と罰』も亀山郁夫さん。亀山郁夫さんってロシア文学者ですよね。

小谷野　そうですよ。ただし専門は二十世紀なんです。だからドストエフスキーの専門家ではない。ドストエフスキーの専門家は中村健之介などです。

小池　しかし『カラマーゾフの兄弟』や『罪と罰』は読まなくていいとまで言えますか？　読みたきゃ読めばいいでしょうけど。

小谷野　読みたきゃ読めばいいですね。学生を教えていると、読んでないのが多すぎるんです。だからこれだけは読んでおこうと言うなら、もうちょっとバルザックとか近松秋江とか、「蒲団」とか谷崎潤一郎とかを薦めますね。有島武郎の『或る女』とか、あれもぜひ読ませたいです。

小池　私は自分の好きなものしか結局は学生達に薦められないんですけどね。深沢七郎とか。

やっぱりショックがあると思うんだけど、今の若い子が読んでどうなんだろう。

小谷野　ただ驚いたのは、大学で学生に課題として読ませると読めるんですよ。読めるんだけど、読まずにいるんです。そこが問題だと思うんですけどね。

小池　それは学生達にそう言ってあげるとすごく励みになるんじゃないですか？

小谷野　ただ、レポートを集めるのが最終日なので言えない、という（笑）。

小池　レポートを読んで初めてわかるんですね。

小谷野　でも今はわかりませんからね。ネット上から持ってくるってのがありますからね。

小池　そうですね。それはちょくちょく聞きます。

小谷野　ただ、それは見抜けますね。コピペがどうとか騒いでいるのはおかしいんですよ。ちゃんとした教師なら、見抜けるはずなんです。

小池　小谷野さんだったら見抜けるでしょうけど。

小谷野　ネット上から持ってきたやつって、それはもう、うますぎますもん。

小池　確かにね。

小谷野　私はロシア文学ではドストエフスキーやトルストイよりもゴンチャロフが好きだと前に言ったんですけど、『オブローモフ』と『平凡物語』は読んでいて、もうひとつ、『断崖』という長いのがあるんです。『レ・ミゼラブル』くらい長いんです。これがものすごく退屈なんですよ。

小池　退屈？

小谷野　『オブローモフ』と『平凡物語』はよかったんです。それで『断崖』に挑もうと思って、酷い目にあっているんです。二〇〇九年に『断崖』を読まなきゃとなったんですが、その時には古本でしかなかったんです。古本全五冊を三万五千円で買ったんです。

小池　うわー！

小谷野　そしたら翌年、岩波文庫で復刊したんです。

小池　（笑）。そういうことってあるんだ。お疲れ様でした。

小谷野　でも古本はあまりにも汚かったから、しょうがないので新しいのを買って、二巻まで読んだんだけど、全然話が進まない。あと、アダルベルト・シュティフターの『晩夏』というのは、そんなに長くないんですけど、戯曲家のヘッベルが、「批評家としての仕事でもないのにこれを読破できる者には、ポーランドの王冠を授けると約束してもいいくらいだ」と言ったくらい退屈なんです。ああいうのが書ける人ってちょっと謎ですよね。

小池　ものすごく退屈な小説でも名著とされてるのもいっぱいあるわけでしょ？

小谷野　そうですね。芥川賞受賞作にもものすごい退屈なのがいっぱいありますよ。『死んでいない者』とかね。でも、ああいうのを長々と書ける人がいるんですね。

小池　（笑）。それが一部分なら、退屈や停滞と見える箇所が、長編を支える要素となる場合がありそうです。風景描写とかね。

小谷野　金井美恵子先生はドストエフスキーを評価してないんですよ。金井先生はジェイン・オースティンのほうがずっと優れていると言っている。

小池　私もそう思う。というか、そう言いたい気持ちがあります。

小谷野　私もジェイン・オースティンのほうが優れていると思います。ジェイン・オースティンっていうのはまさに宗教とか哲学とかなしに人間の生きる有様を描いている。小池さんが『カラマーゾフの兄弟』を読んでいる間に、私はまだ読んでなかったドストエフスキーの『虐げられた人々』を読んじゃいましたが、あれはわりあい面白かったですね。ドストさんはちょっと力を抜いたほうがいい。大作！　とか言って力を入れて書くと変なキリスト教小説になっちゃうんです。

＊1　紅野敏郎（一九二二―二〇一〇）日本近代文学研究者、早大名誉教授。紅野謙介の父。

あとがき

小池昌代

私は感受性が鈍く、ぼんやりしているので、音楽でも文学でも、「クラシック」と呼ばれるものに対したとき、直ちに感動！　ということがあまりない。最初は自分が何を読んだのか、聴いたのかというのが、よくわからない。それでも何か惹かれるものがあると、本の場合は、二度、三度と読み直す。一度読んでも忘れてしまう。私の場合、読書というのは、二度目から始まるといってもいいくらいだ。忙しい現代人にはとんでもない話に聞こえるだろう。例えば『楢山節考』はそんな一冊だが、年々歳々、面白さが増幅され、読むたび何かを発見する。本書でもこの作品は取り上げた。ただ、私がこの本について熱く語っても、小谷野さんは「別に」という態度であった。癪に障る。だが嫌な感じはしない。そもそもそういう小谷野さんを、私は面白く思い、信頼もして対話の誘いに乗ったのである。

私たちは、面白く思う本も、生きる速度も、能力も経験も、まるで違う。私は何をやるにも人より時間がかかり、物事を始めるのが人より十年遅い。知識も乏しく、名作をあまり読んでいない。一方、小谷野さんは頭脳明晰で、物事を素早く成し遂げられる。おそらく締め切りも、厳守どころか、早めに書いてしまいそうだ。自分の中に、くもりを許さない清潔なところがあり、だから名作にかかったモヤのようなものを取り払いたくなったのかもしれない。

古今東西の名作を、若い頃から読み尽くしてきたように見える彼は、いわゆる文学の専門家、学者であるが、同時に創作をする。彼の私小説はとても読ませるが、特徴があって、それは言葉を全く飾らないということである。言葉を飾らないというのは自分を飾らないということ。博覧強記の文学的知識を、全部忘れて小説を書く。細かい描写も比喩もなく、ただ、本質を、力を抜いて、一個、ザクっと大きく掴む。つまり大きな手で、大きな文字を書く（これは比喩）。あのように書く為には、対象の全体像を深く知っていなければならない。その大きさと書法を、素晴らしい美質だと私は思っていて、その人が、どのように小説を読むのかには興味があった。私は長く詩を書いてきたので、つい比喩を使い、言葉一個に拘泥する。そんな自分の資質を厄介に感じていて、散文を書くのは、私の場合、どうしても自分の資質との戦いになる。そんな違いも私たちを、所々で面白く対立させた。

名作は無言の圧力を持っているが、名作に責任はなく、問題は、名作と言われている作品を私たちがどう扱ってきたかということだろう。もっと自由になっていいのだと思う。

私自身は、偏った狭い読み方をしてきて、まさにここでも、自分勝手な読み方を披露することになったし、また、とりわけドストエフスキーについては、今まで幾度となく挫折してきて、つくづくこの作家と自分との間に壁があることを痛感しているが、このたびも読了したとはいえ、拙速な読み方になってしまったことを悔いている。この先、再読はあるだろうか。わからない。

すべての読書は、途上の読書である。

最後に、二見書房の千田麻利子さんにお礼を申し上げたい。毎回の場所を温かくセッティングし、二人の対話に辛抱強く付き添ってくださった。声を文字にして取りまとめる苦労は、暑い夏を挟んで、どんなに大変だったろうと思う。ありがとうございました。

小谷野敦（こやの・あつし）

一九六二年茨城県生まれ、埼玉県育ち。東京大学文学部英文科卒。同大学院比較文学比較文化専攻博士課程修了、学術博士。大阪大学助教授、東大非常勤講師などを経て、作家・比較文学者。二〇〇二年に『聖母のいない国』（青土社）でサントリー学芸賞受賞。著書に『谷崎潤一郎伝』『川端康成伝』（以上、中央公論新社）、『馬琴綺伝』（河出書房新社）、『江藤淳と大江健三郎』（筑摩書房）、『芥川賞の偏差値』（二見書房）、『東十条の女』（幻戯書房）、『とちおとめのババロア』『弁慶役者 七代目幸四郎』（以上、青土社）など多数。

小池昌代（こいけ・まさよ）

一九五九年東京・深川生まれ。詩人・小説家。津田塾大学卒業。主な詩集に『永遠に来ないバス』（現代詩花椿賞）、『もっとも官能的な部屋』（高見順賞）、『夜明け前十分』、『ババ、バサラ、サラバ』（小野十三郎賞）、『コルカタ』（萩原朔太郎賞）、『野笑 Noemi』、『赤牛と質量』。小説集には『感光生活』、『タタド』（表題作で川端康成文学賞）、『たまもの』（泉鏡花賞）、『幼年 水の町』など多数。主なエッセイ集に『屋上への誘惑』（講談社エッセイ賞）、アンソロジー詩集に『通勤電車でよむ詩集』『恋愛詩集』『おめでとう』などがある。

装幀 水戸部 功
DTP 横川浩之

この名《めい》作《さく》がわからない

著者 小《こ》谷《や》野《の》敦《あつし》
小《こ》池《いけ》昌《まさ》代《よ》

発行所 株式会社 二見書房
東京都千代田区神田三崎町2−18−11
電話 03（3515）2311［営業］
03（3515）2313［編集］
振替 00170−4−2639

印刷 株式会社 堀内印刷所
製本 株式会社 村上製本所

ISBN978-4-576-19104-1
https://www.futami.co.jp/